다이렉트 미디어 리포트 **02**

글로벌 미디어 NOW

2021년 1분기,
뉴스 미디어·스트리밍 서비스
실적과 전망

한정훈 지음

Pegasus
페가수스

차례

3. 소셜 미디어와 IT 기업

4. 드라마와 영화

다시 찾아온 봄,
'포스가 함께 하길' 바라는 미디어 산업

매년 5월 4일은 〈스타워즈(Star Wars)〉 팬들에게 잊지 못할 날이다. 가장 유명한 대사 'May the Force be with You'와 발음이 비슷해 팬들은 이날은 '스타워즈 데이'라고 불렀다. 이 대사는 조지 루카스의 첫 번째 스타워즈 영화 〈스타워즈: 새로운 희망(Star Wars: A New Hope)〉(1977년)에 나온다. 도도나(Dodonna) 장군이 제국군을 기습하러 가기 전 반란군들에게 "그대의 배들 그리고 포스가 당신과 함께 하기를(Then man your ships! And may the Force be with you)!"이라고 말한다.

그러나 이 말의 대중화는 엉뚱하게도 유럽 정치권에서 시작됐다. 덴마크의 한 신문이 1979년 5월 4일 영국 보수당 마거릿 대처(Margaret Thatcher)가 영국 총리직에 오른 것을 두고 "May the Fourth Be with You, Maggie. Congratulations"라는 글을 게재한 이후부터다(물론 다른 설도 있다).

어쨌든 그 이후 5월 4일은 '스타워즈 데이'가 된다. 코스튬을 입고, 다양한 이벤트도 열고, 영화를 다시 보기도 한다. 기업들의 마케팅에도 이용된다. 2021년, 일론 머스크의 우주 회사 스페이스X는 스타워즈의 날에 맞춰 베테랑 로켓 'Falcon 9 rocket'을 케네디 공항에서 발사하기도 했다.

이런 마음들이 전해져 루카스필름도 5월 4일을 아주 중요하게 생각하고 있다.

이에 각종 행사와 스타워즈를 주인공으로 한 신작을 내놓는다. 루카스필름이 디즈니에 인수된 이후엔 규모가 더 커졌다. 매년 디즈니랜드에서 성대한 이벤트도 했다. (코로나바이러스로 조금 주춤하지만, 여전히 즐거운 날이다) 디즈니는 이날을 아예 "May the Fourth be with you."로 부른다. 그래서 5월 4일은 팬들의 축제일이고 디즈니에게는 스타워즈나 신작을 홍보하는 중요한 날이다.

2020부터는 5월 4일 이벤트가 스트리밍 서비스 디즈니+에서 열렸다. 올해도 스타워즈의 세계관을 확장한 신작 애니메이션 〈스타워즈: 더 배드 배치(Star Wars: The Bad Batch)〉를 내놨다. 특수부대 스페셜 포스의 우주 전사(배드 배치)들이 주인공인 작품이다.

이 밖에도 심슨을 스타워즈의 BB-8과 함께 등장시킨 단편 애니메이션 〈The force Awakens From Its Map〉, 스타워즈의 배경과 세계관을 묘사한 〈Biomes〉, 스타워즈 비행선을 묘사한 〈Vehicle Flythroughs〉 등이 디즈니+에서 공개됐다.

이렇듯 세계관을 넓힐 수 있는 능력을 지닌 영화는 스트리밍 서비스 성장에 큰 힘이 된다. 디즈니는 스타워즈만으로 디즈니+의 한 섹션을 넉넉히 채울 수 있다. 그리고 그 깊이는 다른 회사가 쉽게 따라잡기 어렵다. 2019년 11월 시장에 선보인 이후 가장 짧은 시간에 1억 5,000만 명을 돌파한 저력은 여기서 나온다.

한편, 스트리밍이 대세가 된 만큼, 실시간 TV 시청률을 다뤄온 닐슨도 스트리밍 비디오 시청률(Nielsen Streaming Video Ratings)을 런칭했다. 시청자들이 스트리밍 서비스에 얼마나 많은 시간을 쏟고 있는지를 분석해 제공하는 것이다. 이 조사는 현재 닐슨이 서비스하고 있는 위클리 톱10에 이어 두 번째에 해당하는 대규모 스트리밍 서비스 조사다.

닐슨은 현재 미국 총 TV 사용량의 1/4을 스트리밍 서비스가 차지한다고 보고 있다. 1년 전에는 18%였다. 그래서 스트리밍 서비스 시청률을 측정하지 않고서는 정확한 시청 패턴을 파악 수 없다는 현실적 인식에서 이 작업이 시작됐다. 닐슨의 선임 부사장 케빈 리니(Kevin Rini)는 보도 자료를 통해 "오는 2024년이면 스트리밍 서비스 플랫폼 구독자가 2억 1,000만 명에 달할 것"이라며 "이는 곧 스트리밍 서비스가 미디어 소비의 메인스트림이 되는 것"이라고 언급했다. 이제 스트리밍이 일상이 되어가고 있다.

1
스트리밍
서비스

치열해지는 경쟁,
넷플릭스의 미래는?

넷플릭스가 2021년 1분기에 기대 이하의 실적을 냈다. 순 가입자 증가가 398만 명에 불과해, 당초 증권가 예상치인 600만 명에 훨씬 못 미쳤다. 지난해 1분기 1,577만 명 증가한 것과 비교하면 1,000만 명 이상 떨어진 실적이다. 코로나바이러스 팬데믹 영향이 점차 줄어들고 스트리밍 시장 경쟁이 치열해졌기 때문으로 풀이된다. 넷플릭스 주가도 한때 10% 이상 빠졌다.

코로나바이러스 대유행 이후 넷플릭스 실적은 정확히 '자가 격리' 트렌드와 동조하는 모습을 보였다. 팬데믹 상황에서 소비자들이 대외 활동을 줄이면서 스트리밍 서비스 이용 시간이 늘었기 때문이다. 그러나 미국 곳곳이 다시 오픈되면서 넷플릭스 실적도 조정되는 모양새다. 2021년 4월 20일 넷플릭스는 1분기 실적과 2분기 전망치를 내놨다.

넷플릭스는 주주들에게 보낸 서한에서 "지난 2020년 실적 상승은 코로나바이러스 팬데믹 영향이 컸다. 하지만 올해 1분기는 코로나바이러스로 인한 제작 차질로 유료 회원 증가세가 둔화된 것으로 보인다."라고 밝혔다. 그러나 넷플릭스는 "새로운 드라마와 신규 영화 라인업 증가로 하반기에는 실적이 좋을 것으로 기대한다. 단기적으로는 코로나바이러스로 인한 불확실성이 있지만, 장기적으로는 엔터테인먼트 시장에서 스트리밍 서비스가 실시간 TV를 대체하는 명확한 흐름이 있다."라고 강조했다. 넷플릭스는 2분기 가입자 증가 예상치도 낮게 전망했다. 회사는 2021년 2분기에 100만 명가량의 가입자가 증가할 것으로 예측했다. 당초 월스트리트의 예상은 444만 명 정도였다.

이와 함께 하반기 스트리밍 시장 경쟁도 치열해질 것으로 내다봤다. HBO맥스, 파라마운트+ 등 경쟁 서비스들이 속속 시장에 진입해 본격적인 점유율 싸움이 벌어질 것으로 판단한 것이다. 실제로 아마존은 최근 프라임 비디오 시청이 가능한 아마존 프라임 회원이 2억 명을 돌파했다고 밝혔다. 워너미디어의 HBO맥스도 2021년 1월 실적 발표에서 미국에서만 4,100만 명의 가입자를 확보해 당초 계획을 2년 앞당겼다고 밝힌 바 있다. 넷플릭스의 가장 강력한 경쟁자인 디즈니+는 3월 초에 가입자 1억 명을 넘어섰다고 공개했다. 넷플릭스의 2억7,640만 명의 절반에 가까운 수치다.

물론 넷플릭스는 〈브리저튼〉과 같은 오리지널을 앞세워 강력한 비교 우위를 점하고 있다. 전체 가입자 중 4분의 1에 달하는 6,700만 명이 북미지역 구독자다. 그러나 신규 사업자들의 공략으로 기세가 예전만 못하다. 스트리밍 콘텐츠 분석 업체 패럿 애널리틱스(Parrot Analytics)의 조사에 따르면 2021년 1분기, 넷플릭스 콘텐츠의 글로벌 시장 점유율은 50.2%였다. 여전히 과반이지만, 2년 전만 해도 콘텐츠 점유율이 64.6%까지 치솟았었다. 경쟁이 치열한 미국 시장의 경우, 점유율이 더 낮다. 넷플릭스 오리지널 콘텐츠에 대한 수요는 48.1%였다. 50% 이하로 떨어진 것은 이번이 처음이다.

경쟁을 의식해 넷플릭스는 2021년 오리지널 콘텐츠 투자에 집중할 계획이다. 2분기에 넷플릭스는 〈새도우 앤 본(Shadow and Bone)〉〈주피터스 레거시(Jupiter's Legacy)〉〈누가 사라를 죽였을까(Who Killed Sara?)〉〈루시퍼(Lucifer)〉 등의 인기 예상 작품과 후속작을 대거 내놓는다.

전문가들도 넷플릭스의 중기 전망을 긍정적으로 보고 있다. 넷플릭스의 가입자 증가세가 완만해지고 있긴 하지만, 콘텐츠 제작에 수십억 달러를 쏟아붓고 있음에도 운영 효율이 높아지고 있기 때문이다.

넷플릭스는 2020년에 2011년 이후 처음으로 잉여 현금 흐름(free cash flow)이 플러스로 돌아섰고, 앞으로도 지속 가능할 것으로 전망하고 있다. 이와 관련하여 넷플릭스는 "2021년에도 잉여 현금 흐름이 플러스를 기록할 것으로 보이며, 더이상 자금 차입이 필요 없을 것"이라고 예측했다. 아울러 2020년 10월에 넷플릭스가 월 이용료를 2달러가량 인상한 것도 회사의 수익성 향상에 도움을 줄 것으로 보인다. 넷플릭스는 전형적으로 18개월마다 월 이용 가격을 올리고 있다. 또 최근 넷플릭스는 비밀번호 공유를 제한해 가입자당 매출(ARPU) 높이기에 나선 것으로 분석된다.

2021년 오리지널 콘텐츠에 170억 달러 투자

넷플릭스가 2021년 170억 달러를 콘텐츠에 투자한다. 2021년 1분기 분기 보고서를 통해 밝힌 금액이다. 넷플릭스는 주주들에게 보내는 서한에서 "2020년 코로나바이러스 대유행으로 인해 지연된 제작이 2021년으로 넘어왔다. 2021년 하반기에는 상당수 프랜차이즈 작품이 나올 것"이라고 언급했다. 또 넷플릭스는 "백신 공급량이 나라마다 다르긴 하지만, 빠르게 정상화되고 있다. 브라질과 인도 시장을 제외한 거의 모든 메이저 마켓에서 안전하게 작품이 생산되고 있다."라고 덧붙였다.

넷플릭스가 투자하겠다고 밝힌 170억 달러는 대부분 오리지널 콘텐츠 제작에 쓰인다. 이에 올해는 예전보다 훨씬 다양한 오리지널 작품이 나올 것으로 예측된다. 특히, 이 금액은 지난해 넷플릭스가 쓴 118억 달러에 비해 크게 상승한 수준이다. 2019년에는 139억 달러를 집행한 바 있다.

2021년 1분기 넷플릭스에서 많이 본 드라마 콘텐츠로는 〈파이어플라이 레인(Firefly Lane)〉 4,900만 명, 〈코브라 카이(Cobra Kai)〉 시즌3 4,500만 명, 〈페이트: 윙스의 전설(Fate: The Winx Saga)〉 5,700만 명, 〈지니 & 조지아(Ginny & Georgia)〉 5,200만 명 등이 있었다.

영화의 경우 〈아웃사이드 더 와이어(Outside the Wire)〉 6,600만 명, 〈예스 데이(Yes Day)〉 6,200만 명, 〈퍼펙트 케어(I Care a Lot)〉 5,600만 명 등이었다. 특정 지역 영화 콘텐츠도 많이 소비됐는데, 멕시코 영화 〈누가 사라를 죽였을까?(Who Killed Sara?)〉가 5,500만 명, 스페인 영화 〈빌로우 제로(Below Zero)〉가 2,700만 명, 한국 영화 〈승리호〉가 2,600만 명이었다.

이번 분기에 가장 많이 본 콘텐츠는 단연 〈뤼팽(Lupin)〉이었다. 전 세계에서 7,600만 명이 시청했다. 엄청난 수치다. 이와 함께 4월 초 오스카 후보작이 발표됐을 때는 〈러브 송 포 라타샤(A Love Song for Latasha)〉〈Da 5 블러드(Da 5 Bloods)〉〈그녀의 조각들(Pieces of a Woman)〉〈맹크(Mank)〉 같은 작품이 많이 시청됐다.

북미지역 가입자 점유율 정체

북미지역 넷플릭스 점유율은 점점 떨어지고 있다. 암페어(Ampere)의 분석에 따르면 2020년 넷플릭스의 미국과 캐나다 가입자 점유율은 20%였다. 전년 대비 9%포인트 줄어든 수치다. 파라마운트+, 디스커버리+, 디즈니+, HBO맥스가 경쟁하고 있는 북미지역은 이제 새로운 가입자 확보는 쉽지 않은 상황이다. 경쟁사 가입자를 뺏지 않고서는 말이다.

그 때문에 넷플릭스의 미래는 아시아, 유럽, 아프리카 지역에 있다는 결론이 나온다. 2020년 가입자가 가장 많이 증가한 곳이기도 하다. 특히 유럽은 1인당 매출도 높다. 넷플릭스도 이를 알고 있다. 넷플릭스는 2021년 한국 오리지널 콘텐츠 발굴에 5억 달러를 투자한다고 밝혔다.

아프리카의 경우 이동통신사들과 잇따라 제휴 관계를 맺고 있다. 남아프리카 보다콤(Vodacom)과 텔콤 사우스 아프리카(Telkom South Africa)와 협력을 맺었고, 추가로 다른 회사를 찾고 있다. 아프리카 지역 가입자 확보가 더 수월해질 것으로 보인다. 이런 노력은 넷플릭스의 북미 의존도를 낮춰줄 것으로 예측된다. 그러나 아시아 시장 경쟁은 앞으로 점점 더 치열해질 것으로 보인다.

전망

넷플릭스는 2021년 2분기 전망을 비관적으로 보고 있다. 겨우 100만 명의 신규 가입자 확대를 예상한다. 지난해 같은 분기 750만 명의 가입자 증가에 비하면 크게 낮은 수치다. 그나마 위안은 전년 대비 매출 상승이 기대된다는 부분이다. 월 이용 가격 인상의 효과가 본격적으로 나타날 것으로 보인다. 1분기 매출액(71억 6,000만 달러)과 수익(주당 3.75달러)도 전년 동기(71억3,000만 달러, 2.97달러)보다 조금 상승했다.

그러나 장기적으로는 넷플릭스의 미래가 나쁘지 않아 보인다. 콘텐츠 경쟁력이 경쟁사들보다 한 수 위이기 때문이다. 깊이와 다양성 모두를 갖췄다. 고객들도 넷플릭스를 1순위로 꼽고 있다. 최근 인사이더의 보도를 보면 '넷플릭스 가입 후 취소율'이 2년간 가장 낮았다. 가입자 증가세도 경기에 따라 기복이 있겠지만 점진적 상승이 기대된다. 점진적 상승에는 아시아와 유럽 지역이 매우 중요하다. 2021년 1분기에도 이들 지역 상승률은 나쁘지 않았다. 유럽, 아프리카 지역은 전년 대비 11% 성장했고, 아시아 지역은 9%의 성장률을 기록했다. 문제는 북미지역이다.

넷플릭스의 미래 성장률에는 치열한 경쟁도 반영될 것이다. 디즈니+, HBO맥스, 피콕, 파라마운트+ 등과 피 튀기는 점유율 싸움이 예상된다. 1분기에도 이미 과열 조짐이 보였다. 가입자가 398만 명 늘었지만, 그중 북미지역은 50만 명에 불과했다. 그러나 넷플릭스는 주주들에게 보낸 서한에서 "우리는 경쟁 구도가 물리적으로 변했다고 생각하지 않는다."라고 강한 자신감을 내비쳤다. 넷플릭스는 이미 2억 명 이상의 글로벌 가입자로 확실한 경쟁 우위를 점했다. 넷플릭스를 앞서기 위해 경쟁사들이 다양한 마케팅을 펼치고 있지만, 아직은 효과적이지 않다. 무료 이용 기간 연장(애플), 영화 동시 개봉(극장-스트리밍 서비스, HBO맥스) 등이 대표적이다. 하지만 올해에만 170억 달러의 콘텐츠를 집행하는 넷플릭스를 기교만으로 앞서는 건 한계가 있다.

게다가 넷플릭스는 지난 실적 발표 후 이어진 컨퍼런스콜에서 올해 하반기 대부분의 메이저 시장(한국 포함)이 코로나바이러스 대유행에서 벗어나 제작이 정상화된다고 밝혔다. 이 의미는 넷플릭스의 무기가 더 강력해진다는 뜻이다. 테드 사란도스 공동 CEO는 〈더 위처(The Witcher)〉〈레드 노티스(Red Notice)〉〈너의 모든 것(You)〉 같은 강력한 작품이 하반기에 복귀한다고 밝혔다.

정작 넷플릭스의 적은 경쟁사가 아니라 '백신'이다. 날씨가 좋아지고 미국이 코로나바이러스 대유행에 집단 면역이 생기면, 스트리밍 서비스 이용 시간이 더 줄어들 것으로 보인다. 2분기 실적이 전년 대비 더 안 좋을 수 있다는 이야기다. 그러나 백신 효과는 넷플릭스뿐만 아니라 다른 스트리밍 서비스들도 똑같이 적용받는 요인이다.

아마존 프라임 구독자, 2억 명 돌파

아마존(Amazon)의 구독 서비스 아마존 프라임(Amazon Prime) 가입자가 2억 명을 돌파했다. 아마존 CEO 제프 베조스(Jeff Bezos)는 2021년 4월 15일 주주들에게 보내는 서한에서 이 내용을 밝혔다. 아마존 프라임 회원은 무료 배송 등 쇼핑뿐만 아니라 아마존의 스트리밍 서비스 '프라임 비디오(Prime Video)'도 이용할 수 있다. 아마존은 2020년 1월 아마존 프라임 회원이 1억5,000만 명을 돌파했다고 밝힌 바 있다. 4,000자 분량의 이번 서한에서 베조스는 자신이 처음 온라인 책 판매 사이트를 만들었던 1994년부터 지금까지 이어진 사업의 여정을 설명했다.

2021년 4월 현재 가입자 2억 명을 돌파한 글로벌 스트리밍 서비스 사업자는 넷플릭스와 아마존뿐이다. 디즈니+는 1억 명을 조금 넘는 가입자를 보유하고 있다. 물론 아마존 프라임 회원 모두가 아마존의 비디오 콘텐츠를 보는 것은 아니지만, 무료 접근이 가능한 회원이라는 점에서 그 숫자는 의미가 있다. 참고로 미국 아마존 프라임 회원 가입비는 1년 119달러, 매달 12.99달러(세금 제외)다.

아마존은 2020년 비디오와 음악 콘텐츠 부문에 110억 달러를 투자했다. 2019년 78억 달러에 비해 크게 증가한 수치다. 영화 〈보랏〉 속편 등 아마존 오리지널 콘텐츠에 관한 투자가 늘었기 때문이다. 물론 이 투자액에는 아마존 프라임 비디오 콘텐츠 수급과 아마존 뮤직 운영 비용도 포함돼 있다.

이런 노력으로 아마존은 2021년 제93회 오스카 영화제 12개 부문에 자사 영

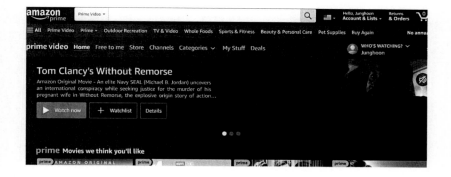

화를 후보작으로 올려놓을 수 있었다. 아마존 프라임 비디오는 스트리밍 서비스 상상 처음으로 미국 미식축구리그(NFL) 중계권도 단독으로 따냈다.

연간 서한에서 베조스는 CEO에서 물러나는 3분기 이후부터는 이사회 의장 역할에만 전념할 것이라는 계획을 다시 한번 확인했다. 그의 후임은 앤디 제시 (Andy Jassy) 아마존 웹 서비스 대표가 맡는다. 베조스는 편지 마지막에 "CEO의 역할은 많은 책임이 따르는 어려운 일"이라며 "앤디는 매우 명석하고 사업에 관한 높은 안목을 가지고 있다. 그가 우리 조직을 특별하게 만드는 생명력을 가져다 줄 것이다."라고 말했다.

한편, 2021년 4월 9일 앨라배마 베서머의 아마존 창고 직원들은 소매·도매·백화점 노동자조합(RWDSU) 가입 여부를 투표에 부쳤으나 71%가 반대해 부결된 바 있다. 3,200여 명이 투표했으며, 유효투표 중 반대 1,798표였고, 찬성은 738 표에 그쳤다. 투표 참여자의 23.0%, 전체 직원 중 12.6%만이 노조 가입을 희망한 것이다. 이에 대해 베조스는 "아마존은 노동자들을 더 지원해야 한다. 투표 결과에 만족해선 안 된다. 회사가 직원들의 성공을 위한 비전과 가치를 창출하기 위해 더 큰 노력을 기울여야 한다."라고 언급했다.

아마존은 현재 전 세계에서 130만 명의 사람들을 직접 고용하고 있다. 190만 개 이상의 중소기업이 사이트(Amazon.com)에서 제품을 판매하고 있으며, 이는 글로벌 전체 소매판매의 약 60%를 차지한다.

쇼타임의 헷갈리는
스트리밍 전략

2019년 8월 바이어컴과 CBS가 합병했을 때, 디즈니와 워너미디어 같은 미디어 대기업은 이미 스트리밍 서비스에 본격 진출했다. 디즈니+가 2019년 11월, HBO 맥스는 2020년 5월 시장에 진입했다. 바이어컴의 프리미엄 케이블TV 채널인 쇼타임(Showtime) 직원들 사이에서는 향후 바이어컴CBS가 자사 채널들을 합친 스트리밍 서비스를 내놓을 것이라는 이야기가 돌았다.

스트리밍 서비스가 확산된 2021년 현재, 미국 전체 엔터테인먼트 시장은 많이 바뀌었다. 디즈니가 마블, 루카스필름, 내셔널 지오그래픽 등을 이용한 스트리밍 서비스 디즈니+를 앞세워 점유율을 확대하고 있고, 워너미디어는 HBO와 워너브러더스의 영화 콘텐츠를 HBO맥스에 서비스한다. 그 사이 바이어컴CBS도 파라마운트+를 출시했다. CBS의 콘텐츠와 함께 니클로디언, 코미디 센트럴 등 그룹 내 채널들의 콘텐츠를 합쳤다.

바이어컴은 이상하게도 가장 인기 있는 채널인 쇼타임만큼은 이 스트리밍 서비스에 포함시키지 않았다. 여전히 단독 스트리밍 서비스를 유지한다. 이에 대해 내부 직원들도 의아해했다. 경쟁사들이 하나의 스트리밍 서비스에 자사의 모든 자원을 집중하고 있기 때문이다. 게다가 글로벌 시장에서는 파라마운트+에 쇼타임 콘텐츠가 포함될 예정이다. 그러나 조사 업체 안테나(Antenna)가 분석한 스트리밍 서비스 이탈률을 보면 쇼타임의 현재 상황을 알 수 있다. 현재 스트리밍 서

비스들은 기존 가입자들의 취소를 막기 위해 고군분투하고 있다.

안테나의 분석 결과, 2020년 말 기준, 쇼타임의 월간 이탈률(monthly churn rate)은 10%가량으로 경쟁 서비스 중 월등히 높다. 반면 경쟁사인 넷플릭스나 훌루, HBO맥스 등은 평균 6~7%다. 쇼타임보다 이탈률이 높은 서비스는 애플 TV+가 유일하다. 게다가 쇼타임의 서비스 이탈률은 2020년 들어 전반적으로 올랐다. 쇼타임의 콘텐츠 전략은 전반적으로 바뀌지 않았다. 성인을 위한 '고급 드라마와 코미디'다. 〈홈랜드(Homeland)〉 〈쉐임리스(Shameless)〉 등이 대표적이다.

쇼타임의 강점은 한 시간 분량의 캐릭터 드라마에 있다. 특정 인물을 주인공으로 이야기를 풀어가는 작품이다. 〈레이 도노반(Ray Donovan)〉 〈빌리언스 (Billiions)〉 등인데 조만간 미국 대통령 부인들을 그린 〈퍼스트 레이디(The First Lady)〉도 방송한다. 쇼타임의 대변인은 "바이어컴CBS의 스트리밍 전략 아래 '성인 프리미엄 콘텐츠 제공자'로 자리매김할 것"이라며 "파라마운트+와는 완전히 다른 타깃 그룹을 대상으로 한다."라고 언급했다.

그러나 쇼타임 스트리밍 서비스가 언제까지 단독으로 살아남을 수 있을까? 단독 생존을 위해선 콘텐츠의 다양함이 일정 수준 필요한데, 내부에서는 그런 움직임이 없는 것으로 알려졌다. 이에 쇼타임이 몇 년간 준비한 사이언스 픽션 드라마 〈헤일로(Halo)〉에 기대를 거는 사람들이 많았다. 그동안 하지 않았던 장르의 확장이기 때문이다. 하지만, 쇼타임의 CEO 데이비드 네빈스(David Nevins)는 〈헤일로〉가 파라마운트+에 편성될 것이라고 말했다. 이 때문에 쇼타임 내에서는 미래를 걱정하는 사람들이 많아졌다. 쇼타임 관계자 중 한 명은 인사이더와의 인터뷰에서 "헤일로를 게임 체인저로 인식하는 사람들이 많다. 많은 사람이 이 쇼의 개발에 관여했다."라고 아쉬움을 표했다. 〈헤일로〉가 파라마운트+로 옮겨가는 것은 쇼타임으로선 좋지 않은 신호라는 이야기다. 그러나 쇼타임 대변인은 "〈헤일로〉의 이동은 기업의 전략적 의사결정"이라며 "사이언스 픽션 같은 장르가 여전히 쇼타임 전략의 일부"라고 주장했다. 이와 관련 〈지구에 떨어진 사나이(The Man Who Fell to Earth)〉 같은 드라마는 파라마운트+에서 쇼타임으로 옮겨갔다고 회사는 밝혔다. 〈헤일로〉는 보다 대중적인 드라마이고 〈지구에 떨어진 사나이〉는 성인 취향에 가깝다는 설명이다.

점점 더 치열해지는 경쟁

넷플릭스, HBO, 애플 등은 쇼타임과 직접적인 경쟁자다. 유사한 성인 드라마와 콘텐츠들을 편성하지만, 제작비는 훨씬 더 많이 투입한다. 쇼타임은 오는 2024년까지 스트리밍 서비스에 40억 달러를 투자하겠다는 계획이다. 그러나 넷플릭스의 225억 달러, 디즈니의 150억 달러, HBO맥스의 100억 달러에 비하면 턱없이 부족한 금액이다. 업계에 따르면, 프로듀서와 저작권자가 쇼타임에 정기적으로 피칭을 하지만, 예산 부족으로 상당수 작품을 편성하지 못하는 것으로 알려졌다. 특히, 쇼타임은 투자에 인색한 것으로 유명하다.

그러나 쇼타임은 오히려 한 작품에 선택과 집중을 한다고 주장한다. 이른바 크리에이터 친화적인 부티크(Boutique) 제작이다. 넷플릭스 등 대형 스트리밍 사업자들은 너무 많은 오리지널 콘텐츠 공개로 제대로 작품이 홍보되지 않는다는 것이다. 하지만 창작자들은 쇼타임이 넷플릭스나 아마존 등과 달리 크리에이터들을 제대로 대우하지 않는다고 주장한다. 그래서 일부 작가들을 쇼타임과 계약하고도 나중에 다른 플랫폼을 택하기도 하는 것으로 알려졌다. 〈The Chi〉의 작가 레나 웨이드(Lena Waithe)도 처음엔 쇼타임과 계약했지만, 2019년에 프라임 비디오로 옮겼다.

사실 쇼타임은 점유율은 높지 않지만, 꾸준한 성장세를 보였다. 2021년 1월 안테나의 발표에 따르면 쇼타임의 스트리밍 서비스는 2020년 피콕, HBO맥스 등 새로운 경쟁 서비스가 시장에 진입하는 상황에서도 가입자를 확대하고 스트리밍 가입자 점유율을 유지했다. 그러나 디즈니+ 등 경쟁사에는 크게 뒤지고 있다.

바이어컴CBS는 정확한 가입자 정보를 공개하지 않고 있다. 바이어컴CBS의 밥 바키쉬 CEO는 "쇼타임은 아주 긍정적으로 점유율이 늘고 있다. 독특한 개성이 있는 작품들이 많다."라고 언급했다. 파라마운트+ 입장에서도 쇼타임 콘텐츠는 매우 중요하다. 구독자 확보를 위해 성인 취향의 콘텐츠가 필요한 상황에서 이를 채워줄 사업자가 필요하기 때문이다. 쇼타임이 이 역할을 하고 있다.

HBO와 같은 경쟁사들이 점유율을 확대하기 위해 다양한 장르의 콘텐츠를 제작하지만, 쇼타임은 기존처럼 운영될 것으로 보인다. 네빈스 CEO는 2021년 2월 바이어컴CBS 투자자의 날에 "브랜드 유지가 매우 중요하다. 쇼타임은 세련되고 새로운 콘텐츠를 위한 프리미엄 서비스로 육성할 것"이라고 말했다. 물론 이에 대한 우려도 있다. 좋은 브랜드지만, 경쟁이 치열한 상황에서 지금과 같은 점유율을 유지하기는 쉽지 않다는 이야기다.

쇼타임의 전략은 케이블TV 등 전통적인 유료 방송 가입자를 보호하는 것이다. 그러나 반대로 HBO는 자사 유료 가입자의 경우 스트리밍 서비스 HBO맥스도 동시에 이용할 수 있게 했다. 쇼타임은 "스트리밍 시청률이 2019년에서 2020년 사이 77%나 성장했다."라고 말했다. 하지만 정확한 숫자는 공개하지 않았다.

스트리밍 가입자 증가 속도 감소세, 그러나 아직은 성장 중

코로나바이러스 대유행 기간 전례 없는 가입자 증가를 기록한 넷플릭스가 서비스 해지 비율도 최저 수준인 것으로 알려졌다. 이는 시밀러웹(SimilarWeb)이 사용자가 구독 취소를 완료했을 때 나타나는 웹페이지(넷플릭스의 취소-확인 웹페이지)의 순 방문자를 추적한 자료를 통해 확인되었다.

2021년 2월과 3월 넷플릭스의 취소 페이지 방문자는 시밀러웹이 조사한 2년 이래 가장 낮은 수준을 기록했다. 2021년 1분기 취소-확인 페이지 방문자는 1년 사이 20%나 떨어졌다. 이는 넷플릭스 구독을 취소한 사람이 줄었다는 의미다.

2020년 넷플릭스의 오리지널 콘텐츠는 많은 화제를 낳았다. 〈타이거 킹〉〈퀸즈 갬빗〉〈브리저튼〉 등은 코로나바이러스 대유행으로 인한 재택근무 기간 인기가 좋았다. 2020년 넷플릭스는 3,700만 명의 구독자를 늘렸다. 이에 힘입어 글로벌 가입자는 2억 명을 돌파했다. 주가도 자극을 받았다. 넷플릭스의 2020년 주가는 전년 대비 65% 상승했다. 2019년 12월 24일 359달러였던 주가는 2020년 12월 28일 540달러까지 올랐다.

그러나 이제 투자자들은 가입자 증가 속도 감소에 대비하고 있다. 넷플릭스도 사회가 다시 열리고 백신 공급이 늘어남에 따라, 가입자 증가 속도가 서서히 줄어들 것으로 판단하고 있다. 앞서 언급한 대로 2021년 4월 말 발표한 1분기 신규 가입자는 398만 명이었다. 전년 같은 기간보다 1,100만 명 가까이 줄었고, 회사

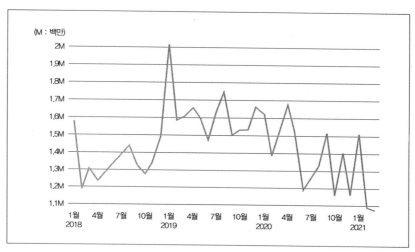

넷플릭스 '취소-확인 페이지' 순 방문자 변화(출처 : 시밀러 웹)

가 예상했던 600만 명에도 크게 못 미쳤다.

그러나 어쨌든 성장했다. 이에 대해 시밀러웹 데이터는 넷플릭스가 디즈니+, 피콕, 디스커버리+ 등 경쟁 서비스가 등장했음에도 탄탄한 성장을 이어가고 있다고 분석했다. 조사 업체 안테나도 "넷플릭스가 메이저 스트리밍 서비스 중 가장 낮은 해지율을 기록하고 있다."라고 분석한 바 있다. 물론 이런 실적은 뛰어난 오리지널 콘텐츠의 품질에 기인한다.

한편, 2021년 1분기에도 미국 내 스트리밍 서비스 가입자가 증가했다. 시장 조사 업체 칸타(Kantar)에 따르면 이 기간 미국 스트리밍 서비스 가입자는 전년 대비 7% 늘어, 2억4,100만 명을 기록했다. (이 수치는 조사 기관마다 조금 차이가 있다) 스트리밍 서비스 오리지널 콘텐츠의 경우 디즈니+의 〈완다비전(Wandavision)〉이 시청률 1위였고 2위는 〈더 만달로리안〉 시즌2, 3위는 넷플릭스의 〈브리저튼〉이었다. 이들은 모두 스트리밍 서비스 오리지널 드라마다.

HBO맥스
서비스 간 비교에서는 워너미디어의 HBO맥스가 가장 좋은 실적을 낸 것으로 조사되었다. 칸타에 따르면 HBO맥스는 2021년 1분기 미국 내 전체 OTT 가입자 증가분 중 14.4%를 차지했다. 2020년 4분기 이후 2분기째 1위다.

이 성과 역시 오리지널 콘텐츠 덕분이다. 특히, 영화 〈원더우먼 1984〉가 2020년 12월 극장과 스트리밍에 동시 공개된 영향이 컸다. 2021년 1분기에도 DC의 수퍼 히어로 영화 〈잭 스나이더의 저스티스리그(Zack Snyder's Justice League)〉가 서비스됐고, 3월 31일에는 〈고질라 vs 콩〉이 극장과 동시에 공개되었다. 이들 대작 영화들이 가입자를 끌어모았다.

칸타는 "HBO맥스가 가입자 이탈률도 낮았다."라고 분석했다. 이와 관련 칸타는 2020년 2분기, HBO맥스는 시청자 추천 점수(Net Promoter Score)가 스트리밍 서비스 중 10위였다. 그러나 2021년 1분기 조사 결과, 2위로 올라섰다고 밝혔다. 칸타는 "신작 영화 공개가 소비자 만족도를 높이는 데 가장 크게 기여했다."라고 설명했다.

파라마운트+

2021년 1분기 스트리밍 서비스 신규 가입자의 11%는 파라마운트+를 선택했다. 파라마운트의 가장 강력한 오리지널 콘텐츠인 〈스타트렉(Star Trek)〉의 힘이다. 신규 가입자의 53%가 특정 타이틀을 보기 위해서라고 답했고, 이 중 24%는 그 타이틀이 〈스타트렉〉이라고 응답했다. 결론적으로 전체 신규 가입자의 12%가 이 공상과학 드라마를 보기 위해 스트리밍 서비스를 선택했다는 이야기다. 이와 함께 스티븐 킹 원작 〈스탠드(Stand)〉 역시 강한 흡인력을 보였다. 전체의 9%가 이 드라마를 보기 위해 구독료를 냈다.

디스커버리+

디스커버리+는 2021년 1월 4일 미국에서 런칭했다. 그런데도 이번 분기 새롭게 스트리밍 서비스에 가입한 고객 중 7.7%를 차지하는 저력을 보여줬다. 다큐멘터리나 리얼리티 기반 콘텐츠로는 이례적인 성장세다. 칸타는 디스커버리의 성공 요인 중 하나로 'TV 홍보'를 들었다. 응답자 중 68%가 TV 광고를 보고 서비스에 가입했다고 답했다. 이 서비스는 특히, 은퇴 가구에 큰 인기가 있으며 전체 가입자의 45%가 이런 세대였다. 서비스 프로그램 중에서는 〈Ghost Adventures〉 〈Fixer Upper〉 〈90 Day Fiance〉 〈Expedition Bigfoot〉 등이 인기였다.

디즈니+

디즈니+도 여전히 가입자가 늘고 있다. 1분기 신규 가입자의 11.6%가 디즈니+를 선택했다. 특히 〈더 만달로리안〉과 〈완다비전〉으로 넷플릭스를 위협하고 있다. 디즈니+의 경우, 오리지널 콘텐츠에 대한 이용자들의 만족도가 상당히 높았다. 디즈니+에 대한 순 만족도는 2020년 1분기 20%에서 33%까지 상승했다. 순 만족도는 고객들의 장기 이용을 결정짓는 핵심 요인이다.

미국 가구 평균 3.8개 스트리밍 서비스 이용

스트리밍 서비스 구독자 증가와 관련하여 칸타는 "2021년 1분기 현재, 미국 가구들이 평균 3.8개의 스트리밍 서비스를 이용하고 있다. 1년 전 3.3개에 비해 늘어난 수치"라고 설명했다. 그러나 늘어나는 숫자만큼, 구독료에 대한 부담도 늘고 있다. 이로 인해 유료 서비스에서의 이탈도 예상된다. 칸타에 따르면 최근 유료 스트리밍 서비스 등의 가격 압박으로 미국 24.9%의 가구가 향후 3개월 내 최소 1개의 유료 서비스 구독을 취소할 것이라고 응답했다. 이는 전 분기(20.5%)나 1년 전(23.2%)보다 상당히 증가한 수치다.

유료 스트리밍 서비스를 취소한 자리는 광고 기반 무료 스트리밍 서비스가 채우고 있고, 앞으로도 채워나갈 것으로 보인다. 투비나 플루토TV가 대표적이다. NBC유니버설의 피콕도 무료 스트리밍 서비스를 운영한다. 이들 서비스는 급성장하고 있다. 스트리밍 서비스 가격이 저렴하다면, 광고를 보는 건 전혀 문제되지 않는다는 응답이 전체의 49%나 차지했다.

소니 픽처스,
넷플릭스와 공급 계약 체결

"스파이더맨을 넷플릭스에서 보다."

넷플릭스가 소니 픽처스의 모든 극장 개봉 영화의 스트리밍 판권을 확보했다. 극장 공개 후 5년간 독점적으로 넷플릭스에 먼저 공급하는 계약이다. 계약은 2022년부터 유효하다. 그동안 소니 픽처스는 스타즈(Starz)를 통해 영화를 스트리밍해왔지만 이번에 넷플릭스로 갈아탔다. 넷플릭스는 2021년 4월 현재 미국 시장에서 7,400만 명, 글로벌 시장 가입자 2억 명 이상을 보유하고 있다.

이번 공급 계약 내용 안에 소니가 넷플릭스에 공급해야 할 일정한 물량이 정해진 것으로 알려졌다. 1년에 몇 편 이상을 의무적으로 공급해야 한다는 뜻이다. 대신에 소니는 넷플릭스에 먼저 영화를 공개한 뒤 다른 스트리밍 서비스에 재판매할 수 있다. 신작 영화뿐만 아니라 소니의 영화 라이브러리 중 일부도 넷플릭스에 공개된다. 넷플릭스로서는 상당히 유리한 계약이다.

소니 픽처스, 스트리밍 대세에 올라타다

소니 픽처스가 스트리밍 파트너로 넷플릭스를 택한 건 어쩌면 당연한 귀결이다. 그동안 유료 스트리밍 플랫폼 유통 창구로 라이언스게이트의 스트리밍 서비스 스타즈를 이용했는데, 결과는 신통치 않았다. 스타즈를 인수할 생각도 있었기 때

문에 지속했던 결정이었지만, 이제 소니는 스트리밍 플랫폼 육성에 손을 뗐다. 소니는 얼마 전 HBO맥스의 애니메이션 스트리밍 서비스 크런치롤(Crunchroll)을 인수하는 등 애니메이션 스트리밍 서비스에 올인하기로 했다. 그래서 일반 영화 스트리밍 서비스를 위해 더 강한 파트너가 필요했다.

결과는 당연히 넷플릭스다. 다만 유통 계약은 미국 내에서만 유효하고 5년간 이어진다. 소니는 미국 외 유통과 관련해 다른 스트리밍 서비스와도 협의 중이다.

넷플릭스, 콘텐츠 장벽에서 새로운 무기를 얻다

넷플릭스도 소니와 같은 파트너가 필요했다. 최근 할리우드 스튜디오들이 각자 자신의 스트리밍 서비스를 런칭하면서 넷플릭스 고립 작전이 시작됐기 때문이다. HBO맥스(워너미디어)가 그렇고 피콕(NBC유니버설)도 2022년 이후부터 넷플릭스와 영화 공급 계약을 하지 않는 방향으로 사업 전략을 짜고 있다. 물론 넷플릭스로서는 스스로 만들거나 다른 중소 스튜디오를 통해 영화를 공급받을 수 있지만, 라이브러리 영화나 대작 영화 같은 경우에는 아무래도 할리우드 스튜디오의 제작 능력을 따라가기 어렵다. 장기적으로는 넷플릭스가 소니 픽처스를 인수할 수도 있다.

넷플릭스는 내년부터 소니 픽처스의 애니메이션을 공급한다. 컬럼비아 픽처스, 소니 픽처스, 스크린 젬스, 트라이스타 픽처스에서 제작된 애니메이션 영화들을 모두 넷플릭스에서 볼 수 있다. 극장 개봉 후 단독 공개다.

특히 이번 계약에는 소니의 수퍼 히어로 작품 유통까지 포함된 만큼, 넷플릭스로서는 기대가 크다. 넷플릭스는 디즈니의 마블(Marvel)이 떠나면서 히어로와 거리가 멀었다. 소니가 제작 유통 권한을 보유한 〈스파이더맨〉〈베놈〉〈주만지 시리즈〉 등을 조만간 넷플릭스에서 볼 수 있을 것이다. 보통 이런 영화들은 극장 개봉 9개월 이후쯤 스트리밍 서비스에 공개된다. 그러나 양사 간 협약으로 스트리밍 서비스 시기가 조정되었을 수 있다.

코로나바이러스 대유행 기간, 소니는 영화 타이틀 다수를 넷플릭스에 판매했다. 케빈 하트의 〈파더후드(Fatherhood)〉나 애니메이션 영화 〈미첼 가족과 기계 전쟁(The Mitchells Vs. The Machines)〉〈위시 드래곤(Wish Dragon)〉 등도 포함되었다. 넷플릭스 글로벌 영화 부문 대표인 스코트 스투버(Scott Stuber)는 "소니 픽처스는 훌륭한 파트너이고 우리는 이 미래 지향적인 계약을 통해 우리의 관계를 넓힐 수 있어 매우 기쁘다. 이번 계약으로 매력적인 영화와 새로운 IP를 확보했을 뿐 아니라, 넷플릭스의 영화 애호가들에게 가장 먼저 영화를 전해드릴 수 있게 되었다."라고 언급했다.

이번 계약의 규모는 정확히 알려지지 않았다. 수억 달러 규모라는 추정인데, 업계 관계자에 따르면 영화의 흥행 정도에 따라 넷플릭스가 소니에 다른 수준의 콘텐츠 제작비를 지급하기로 한 것으로 전해진다. 최근 할리우드 스튜디오들이 서로 콘텐츠 장벽을 치고 있는 상황에서 소니의 몸값이 올라간 셈이다. 이 계약은 소니가 앞으로 단독 스트리밍 플랫폼을 구축하지 않을 것이라는 점을 보여주는 것이기도 하다.

넷플릭스는 2016년 디즈니와 3년 독점, 3억 달러의 단독 유통 계약을 맺은 적이 있다. 이 계약은 디즈니가 디즈니+를 본격화한 2017년에 조기 종료되었다. 소니는 앞으로 자체 서비스보다 다른 플랫폼들을 위해 영화 콘텐츠를 만드는 일에 집중할 것으로 보인다. 사실 소니로서는 디즈니+, 넷플릭스, HBO맥스, 훌루, 파라마운트+, 애플TV 등과 정면 대결하기가 쉽지 않다.

소니의 글로벌 유통 및 네트워크 담당 대표 키스 르 고이(Keith Le Goy)는 "넷플릭스는 좋은 관계를 이어갈 수 있는 최상의 파트너다. 소니 픽처스는 대작과 창의성 있는 오리지널 영화들을 계속 만들 것이다. 이번에 체결한 환상적인 계약은 그들의 가입자 성장을 위해 우리의 콘텐츠가 얼마나 중요한지를 보여주는 것이다."라고 언급했다.

미국 스트리밍 서비스 구독자 수,
전체 인구 수 넘어서다

미국 스트리밍 구독자 수가 미국 인구를 넘어섰다. 스트리밍 시장 분석 회사 암페어 애널리시스(Ampere Analysis)는 넷플릭스, 아마존 프라임 비디오, 훌루, HBO 맥스, 디즈니+ 등의 구독자 총합이 미국 인구보다 많아졌다고 밝혔다. 한 명이 여러 개 서비스에 가입한다는 이야기다. 2021년 3월 31일 기준인데, 코로나바이러스 대유행으로 인한 재택근무, 할리우드 스튜디오의 스트리밍 시장 참전, 오리지널 콘텐츠 증가 등이 복합적으로 작용한 결과다.

암페어에 따르면 미국 스트리밍 서비스 구독자는 3억4,000만 명에 달한다. 미국 통계청은 2021년 4월 현재 미국 인구를 3억3,020만 명 정도로 파악하고 있다. 스트리밍 서비스 품질도 좋아졌다. 같은 조사에서 미국 인터넷 사용자의 57%가 스트리밍 서비스가 영화나 TV를 보는 주요 창구라고 답했다. 또 초고속 인터넷 이용자의 25%가 5개 이상의 스트리밍 서비스에 가입하고 있었다.

미디어는 습관이 중요한데 온라인 소비자의 2/3 이상은 스트리밍 서비스를 이용해 정기적으로 TV를 몰아본다는 조사도 나왔다. 이런 수치들로 볼 때 스트리밍 서비스가 이미 미국 내 미디어 시청의 대세로 자리 잡은 모양새다. 이에 대해 암페어는 "글로벌 시장에서 미국은 다른 어떤 시장보다 가장 높은 수준의 스트리밍 서비스 보급률을 기록하고 있다."라고 언급했다.

암페어의 리서치 팀장인 토비 홀러란(Toby Holleran)은 발표 자료를 통해

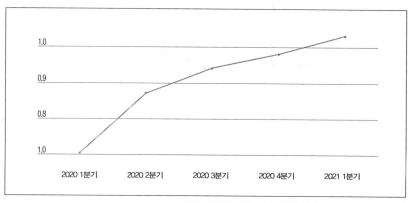

미국 스트리밍 서비스 1인당 구독 개수(출처 : 암페어 애널리시스)

"2020년 기준, 유료 방송의 가정 내 침투율이 사상 처음 60% 이하로 떨어졌다. 2015년만 해도 80% 수준이었다. 코로나바이러스 대유행과 함께 신규 스트리밍 서비스들의 런칭이 시장 성장을 이끌었다."라고 설명했다. 실제로 2020~21년 사이에 HBO맥스, 피콕, 파라마운트+, 디스커버리+ 등 메이저 기업들이 이 시장에 들어왔다. 홀러란은 또 "점점 더 많은 사람이 전통적인 실시간 TV를 떠나고 있다. 이제 소비자들은 자기 스스로 채널을 구성하고 콘텐츠 포트폴리오를 만들고 있다."라고 덧붙였다.

암페어는 현재 미국인들이 평균 4개 이상의 스트리밍 서비스를 구독하고 있다고 분석했다. 2020년 3분기 조사보다 월등히 증가했다. 2021년에는 이 수치가 더 늘어날 가능성이 있다는 해석이다.

스페렉스,
스트리밍 서비스의 글로벌 진출 돕는다

넷플릭스, 디즈니+ 등 스트리밍 서비스들이 글로벌 시장에서 본격적인 점유율 전쟁을 벌이고 있다. 미국 시장이 점차 포화상태에 이르자 전 세계 구독자를 확보하기 위한 경쟁을 치열하게 진행하고 있다. 그러나 글로벌 진출은 생각만큼 쉬운 작업이 아니다. 지역마다 규제가 다르고 문화적 특성도 차이가 있다. 좋아하는 콘텐츠도 지역마다 다르다. 로컬 콘텐츠를 어느 정도 편성해야 하는지에 대해서도 장벽이 있다. 글로벌 가입자 2억 명을 돌파한 넷플릭스의 성공을 보고 더 많은 스트리밍 서비스들이 해외 시장 문을 두드리고 있지만, 법률이나 규제에 관한 이해나 지역 시장 전문가 등 인프라가 매우 부족한 상황이다.

지역 정서 및 특성 감안하지 않은 진출 논란

심지어 아마존 프라임 비디오, 넷플릭스 등 메이저 스트리밍 서비스들도 해외에서 많은 시행착오를 겪고 있다. 아마존 프라임 비디오는 최근 인도에서 서비스된 정치 드라마 〈탄다브(Tandav)〉의 일부 장면을 편집하고 사과했다. 인도 힌두 신 시바(Shiva)를 묘사한 내용이 문제가 됐다.

넷플릭스 역시 비슷한 문제를 겪었다. 보수주의자들은 넷플릭스에서 서비스한 프랑스 영화 〈큐티스(Cuties)〉에서 묘사된 젊은 주인공에 반발했다. 스페렉스

(Spherex)의 CEO 필립스는 "스페렉스는 콘텐츠를 해외에서 서비스할 때 회사들이 문화적 민감성을 예상하는 데 도움을 준다. 특히, 스트리밍 서비스의 경우에 콘텐츠가 재활용되고 수명이 길기 때문에 이런 분석 서비스가 더 중요하다."라고 언급했다.

데이터를 기반으로 한 스트리밍 서비스 해외 진출 지원

결국 지역에 대한 이해가 없다면 해결하기 쉽지 않은 일이다. 글로벌 기업이라 할지라도 모든 시장을 알 수는 없다. 그래서 엔터테인먼트 기업을 위한 지역 데이터와 시장 분석, 규제 상황 등을 정리해주는 기업들이 생겨나고 있다. 스페렉스가 대표적이다.

2018년, 기업용 소프트웨어 회사 V2솔루션에서 분사한 이 회사는 그동안 시네다임(Cinedigm), 바이어컴CBS, 유튜브 등 미디어 기업의 해외 진출과 현지화, 지역 맞춤 콘텐츠 제작을 도왔다. 이들 회사의 현지 오리지널과 라이브러리 콘텐츠의 지역 연령 등급을 설정하는 일 등을 돕고 조언했다. 스페렉스는 25,000개 이상의 기존 작품에서 뽑은 메타데이터를 사용해 만든 알고리즘을 강점으로 제시한다. 이를 통해 고객이나 지역 시장에 최적화된 포스터나 예고편(트레일러) 등을 만들 수 있다는 것이다. 또 스트리밍 서비스 콘텐츠 추천과 개인 맞춤형 검색 기

능도 지원한다. 한마디로 현지 진출 기업을 위한 통합 서비스를 제공하고 있다.

각 지역 국가들 스트리밍 서비스에 대한 심의 규제 강화 중

스페렉스가 콘텐츠 등급과 심의에 신경을 쓰는 이유는 '해외 진출 시 가장 민감한 영역'이기 때문이다. 글로벌 시장에 진출하려는 스트리밍 서비스와 유통 업체의 어려움 중 하나는 자사의 콘텐츠가 심의 등 지역 규제를 지키고 있는지 파악하는 일이다. 나라마다 내용 심의 기관이나 규제 기관의 잣대가 다르기 때문이다. 이를 잘못 건드릴 경우, 국민적 반감이 나타날 수 있어 매우 조심스럽다.

게다가 최근들어 세계 각국에서 스트리밍 서비스에 대한 규제를 강화하고 있다. 스트리밍 서비스 사업자들의 거대 시장인 인도의 경우, 스트리밍과 디지털 콘텐츠 심의 수위를 높이고 있다. 2020년 디즈니 넥스타, 아마존 프라임 등이 자율 심의 규제 조항(self-regulation code)에 합의했지만, 실제로 적용이 잘되지 않는다는 이유로 정부 규제를 강화하기로 한 것이다.

EU도 스트리밍 서비스에 공급되는 모든 콘텐츠 중 30%를 EU지역에서 제작된 프로그램으로 채우도록 2018년부터 의무화하고 있다. 따라서 EU 지역에 진출하려는 스트리밍 서비스들은 역내 콘텐츠 판권을 구매하거나 지역에서 콘텐츠를 만들어야 한다. 버라이어티에 따르면 호주 정부도 스트리밍 서비스에 비슷한 방영 쿼터 규제 적용을 검토 중이다.

테레사 필립스 스페렉스 CEO는 "스페렉스는 콘텐츠 심의 가이드라인을 면밀히 연구하고 이런 이슈에 대해 미디어 기업의 진출을 돕기 위해 각국의 심의나 규제 기관과 긴밀한 관계를 맺고 있다."라고 설명했다. 필립스는 또 "특히, 지역별 콘텐츠 연령 등급 기준에 대해 많은 조사를 했다. 지역별 연령 등급은 문화를 반영하는 것이다. 오디언스와 지역별로 생각이 다르다."라고 덧붙였다.

이와 관련 스페렉스는 TV프로그램과 영화를 비롯한 콘텐츠를 모니터하고 성 문제나 흡연, 폭력, 종교, 정치 등 지역마다 민감한 이슈에 대해 시간 태그(time-coded tags)를 붙여 모니터링 중이다. 스페렉스는 영화가 공개되기 전 스튜디오에 정치나 청소년, 성적인 문제 등 일부 민감한 주제에 대해 '주의 태그'를 붙이게 한다. 만약 어떤 스튜디오가 10대 청소년에 관한 영화를 독일에서 공개할 때 포함하지 말아야 하는 장면이 있다면, 어떤 부분을 수정해야 하는지 정확히 알 수 있다. 또 기존 보유한 라이브러리 콘텐츠의 해외 공급을 위한 지역별 연령 규정 확인 애플리케이션도 갖추고 있다.

정치와 종교 문제 등이 복합적으로 작용하면서 콘텐츠 심의가 다층적으로 이뤄지는 국가에서는 스페렉스의 시스템이 더 효과적이다. 나라별 차이를 미리 파악해 다르게 서비스할 수 있기 때문이다.

2019년 넷플릭스는 사우디아라비아에서 〈하산 미나즈 쇼: 이런 앵글(Patriot Act With Hasan Minhaj)〉의 상영을 중단했다. 정치적인 이유로 사우디 정부가 강력히 반발했기 때문이다. 그러나 2020년 〈큐티스〉의 제작자는 미국 내 반대 의견에도 불구하고 사우디에서는 어떤 검열도 받지 않았다. 필립스는 "심의는 콘텐츠의 자존심(권위)과 지역 오디언스의 민감성 사이 균형의 문제"라며 "보다 많은 지역적 가치가 존중되어야 한다."라고 언급했다.

스페렉스와 기업 간 협업 사례

2000년에 설립된 시네다임(Cinedigm)은 디지털 시네마, 스트리밍 채널 등에 프로그램을 공급하는 스튜디오다. 2014년에는 다큐멘터리 전문 스트리밍 서비스 다큐드라마(Docurama)를 런칭했고, 2015년에는 어린이 및 기독교 오디언스를 대상으로 한 스트리밍 서비스 'The Dove'를 만들었다. 2021년 3월 인도에서 IT 기업과 스트리밍 서비스를 인수하기도 했다. 이와 관련 글로벌 진출을 위해 2020년 연말 스페렉스와 업무 협약을 맺었다.

시네다임은 현재 넷플릭스, 훌루, 삼성 TV플러스, 플루토TV 등의 스트리밍 서비스에 콘텐츠를 공급하고 있다. 시네다임의 전략 담당 이사 에릭 오페카(Erick Opeca)는 비즈니스 인사이더와의 인터뷰에서 "글로벌 스트리밍 사업이 늘어나고 있어 스페렉스와 다른 지역 파트너와 일하고 있다. 지역화는 자막 작업, 더빙, 다른 지역에서의 연령 심의 문제 등 매우 어려운 문제"라고 설명했다. 현재 스페렉스는 시네다임의 실시간 스트리밍 채널 콘텐츠의 심의 등급을 결정하는 업무를

돕고 있다. 일부 메이저 스트리밍 서비스나 스마트TV는 등급 심사를 받지 않는 콘텐츠를 편성하지 않다.

스페렉스는 스트리밍 서비스의 현지 진출을 위해 기능 업그레이드도 고민 중이다. 검색과 개인화 기능을 포함한 메타데이터를 담은 애플리케이션이다. 문화적 감수성에 포커스된 시간 코딩은 스트리밍 서비스에 나라별 문화적 가치에 기반한 콘텐츠를 걸러내는 능력을 제공할 것으로 보고 있다.

스트리밍 서비스 내
수요 급증하는 뉴스와 다큐멘터리

이번엔 스트리밍 서비스에서 소비되는 장르 이야기를 해보겠다. 2020년 미국 스트리밍 서비스 시장에서는 다큐멘터리 장르가 가장 빠른 성장을 기록한 것으로 조사되었다. 최근 시사를 다루는 다큐멘터리는 뉴스를 생산하는 미디어(CBS, NBC) 등이 스트리밍 서비스 시장에 가세하면서 속도가 더 붙었다.

스트리밍 시장 분석 회사 패럿 애널리틱스는 스트리밍 서비스에서 뉴스 형식의 콘텐츠에 대한 수요가 급증하고 있다는 자료를 발표했다. 이에 대해 쇼타임 네트웍스의 엔터테인먼트 담당 사장 제인 위노그레이드는 악시오스(AXIOS)와의 인터뷰에서 "시사 문제는 그동안 엔터테인먼트 업계에서 활발하게 반영해왔다. 그러나 지금 벌어지고 있는 일을 다루는 다큐멘터리나 뉴스 등에 대한 소비자들의 요구가 스트리밍 서비스에서 증가하고 있다."라고 분석했다.

최근 스트리밍 서비스에서 제공하는 뉴스 시리즈와 다큐멘터리(팩트 기반 혹은 극화된)는 점점 더 현실에 다가가고 있다. 제작 시점도 일반 TV 시사프로그램처럼 이슈가 번진 후 한 달 이내다. 미국에서는 의사당 폭동이나 게임스톱 문제 등이 스트리밍 시사프로그램으로 제작된 바 있다. 현재 스트리밍 서비스에 제공되는 뉴스를 기반으로 한 콘텐츠는 크게 세 장르다. 팩트를 기반으로 한 단편 및 미니시리즈 드라마, 논픽션 다큐멘터리, 오리지널 및 정통 뉴스 프로그램 형식의 시즌제 보도 프로그램이 있다.

팩트 기반 픽션 드라마와 논픽션 다큐멘터리

사건을 소재로 한 팩트 드라마는 꾸준한 인기다. 이 시장에서는 바이어컴CBS의 쇼타임이 가장 앞선다. 쇼타임은 2021년 1월 6일 벌어진 미국 의사당 난동 사건을 그린 미니시리즈를 준비 중이다. 제작진은 2020년 9월, 전 FBI 국장인 제임스 코미의 회고록《A Higher Loyalty》를 원작으로 한 정치 팩션 드라마 〈코미 룰(The Comey Rule)〉을 만든 팀이다. 넷플릭스도 실화를 바탕으로 대학 입시 부정을 다룬 드라마 〈부정 입학 스캔들(Operation Varsity Blues)〉을 공개한 바 있다.

팩트 기반 논픽션 다큐멘터리 공급도 활발하다. 쇼타임은 워싱턴포스트 칼럼니스트였던 자말 카슈끄지(Jamal Khashoggi)의 암살을 다룬 다큐멘터리 〈침묵의 왕국(Kingdome of Silence)〉을 2020년 11월 공개했는데 반응이 뜨거웠다. 카슈끄지는 2017년부터 미국에 머무르며 워싱턴포스트에 사우디를 비판하는 칼럼 등을 게재해 왔는데, 2018년 10월 2일 터키 주재 사우디 영사관을 방문했다가 실종됐으며 이후 피살된 것으로 알려졌다.

다큐멘터리에 강한 디스커버리+와 훌루도 가세했다. 최근 훌루는 게임스톱 사태를 다룬 다큐멘터리를 공개한 바 있다. 훌루는 최근 공유 사무실 기업 위워크의 이야기를 다룬 드라마 다큐멘터리 〈위워크(WeWork: Or the Making and Breaking

of a $47 Billion Unicorn)〉를 SXSW 전시회에서 공개했다. 창업주 애덤 니우먼의 회사 운영과 그의 기행이 작품에 잘 드러난다. 이밖에 HBO맥스와 넷플릭스는 각각 소셜 미디어의 위험성을 다룬 다큐멘터리 시리즈 〈페이크 페이머스(Fake Famous)〉와 〈소셜 딜레마(The Social Dilemma)〉를 선보였다.

다큐멘터리, 스트리밍 수요가 공급 앞질러

특히, 팩트를 가장 잘 담아낼 수 있는 다큐멘터리는 스트리밍 서비스에서 가장 주목받는 장르다. 패럿 애널리틱스의 분석에 따르면 다큐멘터리는 수요가 공급을 앞질렀다. 2019년 1월부터 2020년 3월까지 미국 스트리밍 서비스에 다큐멘터리 시리즈 공급이 63% 늘었지만, 구독자 수요는 142% 증가했다. 이에 반해 드라마는 공급 과잉으로 같은 기간 수요가 17.8% 줄었다. 스트리밍 서비스들이 잇달아 시장에 진입하면서 오리지널 드라마를 너무 쏟아낸 탓으로 보인다.

스트리밍 기술 발전이 낳은 팩트 전성시대

스트리밍 서비스와 기술의 발전은 할리우드 스튜디오와 뉴스 미디어에 팩트를 보다 더 빨리 그리고 간편하게 가공해 전달하게 한다. 요즘은 틱톡이나 스냅챗 등 각종 소셜 미디어 서비스에 다양한 사건 현장 스트리밍 영상이 올라오기 때문에 이를 잘 엮으면 훌륭한 작품이 나올 수 있다.

이에 대해 패럿 애널리틱스의 분석 담당 이사인 알레한드로 로하스(Alejandro Rojas)는 "다큐멘터리 작품은 스트리밍 서비스 가입자를 유입시키고 가둬두는 좋은 콘텐츠다. 앞으로 스트리밍 서비스가 늘어남에 따라 이들 장르 콘텐츠는 더욱 증가할 것이다."라고 지적했다.

FAST에도 뉴스 채널이 중심

광고 기반 무료 스트리밍 서비스에서도 뉴스 채널은 사람들을 모으는 중심에 있다. FAST 채널은 광고를 보는 대신, 뉴스나 영화, 다큐멘터리 채널을 실시간 스트리밍을 통해 볼 수 있는 서비스다. 요즘 FAST 서비스들은 경쟁적으로 더 많은 뉴스 채널을 수급하고 있다.

아마존이 운영하는 IMDB TV는 최근 30개 미국 지역 지상파 뉴스 채널을 추가했다. 거의 모두 ABC나 CBS, NBC 등 전국 네트워크 뉴스와 함께 각 지역 뉴스를 방송하는 채널들이다. 이와 함께 미국 2위 지상파 방송사 싱클레어(Sinclair)는 미국 전역 190여 개 소속 방송사의 뉴스를 묶어서 스티어(Stirr)라는 하나의 스트리밍 서비스로 제공하고 있다. 구독자들의 위치를 인식해 자동으로 근처 지역 방송사 뉴스를 방송해 주는 기능을 추가했다. 바이어컴CBS가 운영하는 FAST 서비스 플루토TV는 CBS의 열 군데 거점 지역 뉴스를 서비스하는 CBSN을 실시간 서비스하고 있다. 폭스가 보유한 FAST 서비스 투비(Tubi)도 80여 개 지역 지상파 방송 채널을 추가로 서비스한다고 밝힌 바 있다.

미국 지역 뉴스 채널들도 별도 뉴스 스트리밍 채널을 런칭하고 있다. ABC, NBC, FOX, CBS는 자사 소속 지역 채널을 묶은 NBC LX News, NBC News Now, The Choice, CBSN, NewsNow from Fox, ABC News Live 등의 스트리밍 서비스를 선보이고 있다.

중요한 건 가입자 수가 아니라
가입자당 매출

스트리밍 서비스는 미국 증시에서도 화제의 중심이다. 넷플릭스, 디즈니+, 디스커버리+ 등의 가입자 증가 속도와 함께 투자자들도 모이고 있다. 그래서 주가도 급상승 중이다. 그러나 문제가 있다. 넷플릭스를 제외한 대다수 서비스가 스스로 밝힌 구독자 수와 실제 구독자 수가 다르다는 것이다. 서비스 사업자들은 서로 본인들의 가입자 증가 속도가 빠르다고 밝히고 있지만, 실제 가입자는 정확히 따져봐야 한다.

HBO맥스의 예를 들어보겠다. 최근 AT&T 워너미디어(HBO맥스)의 CEO 제이슨 키라는 애널리스트들을 만난 자리에서 "미국에서 HBO맥스의 가입자는 4,150만 명이나 된다."라고 강조했다. 그러나 이 숫자는 디즈니의 디즈니+가 미국에서 확보한 가입자보다 많고 넷플릭스 미국 가입자의 3분의 2에 달하는 수준이다. 하지만 시장에 보고 있는 HBO맥스의 신규 가입자는 690만 명에 불과하다. 나머지는 지금 케이블TV를 통해 유료 방송 HBO 채널을 구독하고 있는 사람들이거나 무료 가입자다. 물론 이들이 HBO맥스를 지금 이용할 수는 있지만, 실제 수익에는 도움이 안 된다.

디즈니도 공공연한 비밀이 있다. 디즈니는 오는 2024년 글로벌 가입자를 2억 3,000만~2,600만 명으로 예상했는데, 이 중 40%는 고객 1인당 월 매출이 2달러도 안 되는 인도 지역에서 나온다. 가입자가 늘어도 수익은 그만큼 성장하지 않

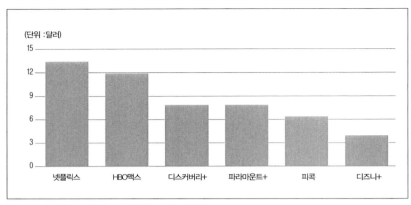

(단위 :달러)

미국 스트리밍 서비스 가입자당 매출(출처 : 디 인포메이션)

는 구조다. 수년 내 HBO맥스 매출이 디즈니+를 넘어설 것이라는 예측도 있다. HBO맥스의 가입자 규모가 더 작더라도 말이다.

스트리밍 서비스의 미국 내 가입자당 매출(ARPU)을 보면 이를 이해할 수 있다. 넷플릭스가 13달러 수준이고 디즈니+가 4달러 정도로 가장 낮다. 디즈니+의 미국 내 가입자 비중은 전체 이용자 대비 취약하다. 상당수가 통신사 프로모션(버라이즌 1년 무료)을 통해 디즈니+를 보고 있기 때문이다. 가입자당 매출을 놓고 보면 넷플릭스가 현재 가장 좋은 위치에 있다. 디즈니의 분발이 필요해 보인다.

가입자 수와 매출의 차이를 분석하는 것은 업계 종사자뿐만 아니라 투자자에게도 의미가 있다. 스트리밍 서비스가 점차 유료 방송을 대체하고 있지만, 투자할 가치가 있는지 판단할 중요한 지표이기 때문이다. 현재 많은 투자자가 스트리밍 서비스에 집중하고 있다. 디즈니와 디스커버리, 바이어컴CBS가 최근 급격한 주가 상승을 경험한 이유이기도 하다. 심지어 주가 상승으로 자신감이 붙은 바이어컴CBS는 20201년 3월 22일 스트리밍 서비스에 투자하기 위해 30억 달러의 주식을 매각한다고 밝히기도 했다.

가입 경로에 따른 대략적인 매출 분석을 해보겠다. 이는 한국도 상황이 비슷한 것으로 보이며 스트리밍 서비스 경쟁이 치열해질수록 우리도 겪을 문제다.

만약 HBO맥스 가입자가 케이블TV를 통해 유치되었다면 워너미디어는 케이블TV 사업자에게 구독료의 15~35%를 줘야 한다. 스마트TV 회사도 15~30%를 떼간다. 애플이나 안드로이드 OS에서는 15%가 일괄 징수된다. 무엇보다 심각한 것은 케이블TV의 경우, HBO맥스 가입자의 정확한 정보를 제공하지 않는다는 점이다. 숫자만 공개할 뿐이다. 그래서 HBO맥스를 취소한다 해도 이유를 알 수 없다. 이는 새로운 가입자 유치를 위한 전략 수립에 매우 심각한 영향을 미친다.

통신사들과 프로모션 계약을 맺은 스트리밍 사업자들도 있다. 디즈니+와 디스커버리+는 버라이즌과 1년 무료 이용 계약을 맺었다. 이 대가로 버라이즌은 가입자 숫자에 따라 이용료(할인)를 스트리밍 사업자에 제공한다. 그러나 문제는 이들 구독자 대부분이 무료 이용 기간이 끝나면 재구독을 하지 않는다는 점이다. 재가입을 독려하는 마케팅도 하기 힘들다.

홍콩 스트리밍 서비스 HMVOD,
코로나 대유행으로 점유율 확대

홍콩 로컬 스트리밍 서비스인 HMVOD가 코로바이러스 대유행 이후 200% 넘는 성장률을 기록하고 있다고 버라이어티가 보도했다. 현재는 오리지널 콘텐츠에 투자하고 일본 드라마와 애니메이션을 적극적으로 구매하고 있다. 아직 한국 영화는 공급되지 않고 있다. HMVOD의 CEO 트레이시 호는 "코로나바이러스로 거의 모든 사람이 집에 있는 상황에서 온라인을 통한 콘텐츠 시청이 급격히 늘었다. 이 과정에서 광둥어 기반 오리지널 프로그램의 성공 가능성을 봤다."라고 언급했다.

HMVOD가 최근 서비스하는 온라인 시리즈 중 〈홍콩 웨스트사이드 스토리〉는 거의 80만 뷰를 기록했다. 로컬 오리지널 드라마 컬트 시리즈 〈A Perfect Day for Arsenide〉는 3월 1일부터 넷플릭스에도 공개되었다. 호 CEO는 "우리는 홍콩 오디언스가 한국 드라마나 일본 드라마도 좋아한다는 것을 발견했다."라고 버라이어티 인터뷰에서 밝혔다. 실제, 일본 드라마 중 〈Cherry Magic!〉이 큰 히트를 기록했고 이 성공은 일본 드라마를 더 많이 수입하는 계기가 되었다.

HMVOD는 일본 애니메이션에도 포커스를 맞추고 있다. 사실 이전 홍콩에서는 일본 애니메이션을 유통하는 스트리밍 서비스가 거의 없었다. 대부분 불법으로 유통됐다. 이에 HMVOD는 정식 계약을 맺고 광둥어 자막을 입힌 애니메이션을 유통하고 있다. 이 중 어린이 애니메이션인 〈엉덩이 탐정: 화려한 사건 수첩 (Butt Detective)〉을 정식으로 홍콩에 서비스했다. HMVOD는 다른 클래식 애니메

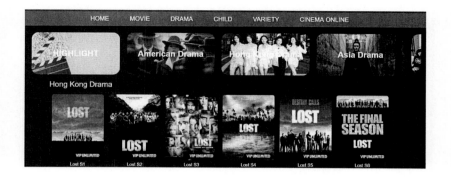

이션을 구매하기 위해 홍콩 필름 마켓을 이용하고 있다.

HMVOD는 2017년에 설립되어 지역 콘텐츠와 인터내셔널 프로그램을 구입해 방송하고 있다. 넷플릭스에 서비스되지 않는 할리우드 영화들도 수입하고 있다. 현재 가입자는 8만 명 정도로 소규모인데 점점 늘고 있다. HMVOD는 해외 진출로 중국어 사용 인구 중 30~40만 명 정도의 가입자를 확보할 수 있을 것으로 예측하고 있다.

월 이용료는 6달러~11.3달러 정도로 넷플릭스에 비해 다소 저렴하다. 호는 "우리는 홍콩 언어로 이용할 수 있는 홈엔터테인먼트의 중심이 될 것이다. 홍콩은 여전히 잠재력이 있다."라고 말했다.

애니메이션 왕국 노리는 소니, 미국 법무부의 견제

미국은 스트리밍 서비스 경쟁이 그야말로 치열하다. 다큐멘터리, 뉴스 등 전문 장르 스트리밍 서비스도 숨가쁜 점유율 싸움을 벌이고 있다. 애니메이션 스트리밍 부문에서는 AT&T의 크런치롤과 소니의 퍼니메이션(Funimation)이 양대 산맥이었다. 그러나 2020년 말 소니가 크런치롤을 인수하겠다고 밝히면서 이 시장에 지각 변동을 예고했다. 퍼니메이션과 크런치롤을 합칠 경우, 소니가 7백만 명이 넘은 애니메이션 구독자를 확보해 애니메이션 스트리밍 시장 최강자로 올라설 것으로 전망되기 때문이다. 애니메이션 분야의 넷플릭스로 불릴 만하다.

일본 아니메(anime)를 중심으로 한 애니메이션 스트리밍 시장은 계속 커지고 있어 경쟁사인 넷플릭스와 아마존도 관련 라인업을 강화하고 있다. 현재 크런치롤은 독자 서비스와 함께 AT&T의 스트리밍 서비스 HBO맥스에도 서비스된다. 단독 버전은 매달 7~15달러로 과금된다.

그러나 이런 소니의 꿈에 제동이 걸렸다. 미국 법무부는 소니가 AT&T로부터 12억 달러를 주고 크런치롤을 인수하겠다며 제출한 인수 계획서 검토를 연장한다고 밝혔다. 기업 인수 합병의 경우, 한국과 마찬가지로 법무부의 기업 결합 심사를 거쳐야 하는데, 이를 걸고 나선 것이다. 이 사실은 실리콘밸리 미디어 디 인포메이션(The Information)을 통해 알려졌다.

이번 조사의 핵심은 크런치롤 인수로 소니의 미국 애니메이션 스트리밍 시장 점유율이 어느 정도까지 올라갈지 하는 점이다. 코로나바이러스 대유행 이후 미국 내에서 애니메이션 스트리밍 서비스 이용 수요가 크게 늘어 법무부도 신중한 모습이다. 상황에 따라 시간이 상당히 걸릴 수도 있고, 인수 자체가 불허될 가능성도 존재한다.

전문 장르에 이례적인 반독점 심사

애니메이션 장르는 스트리밍 시장에서 상대적으로 니치 마켓(Niche Market)이다. 2021년 2월 기준 크런치롤의 가입자는 400만 명 정도다. 퍼니메이션을 제외한 다른 스트리밍 서비스를 보유하고 있지 않은 소니로서는 소중한 곳이다. 그래서 소니는 크런치롤과 퍼니메이션을 합쳐 애니메이션 왕국을 만들려고 생각하고 있다. 현재 크런치롤과 퍼니메이션의 주요 콘텐츠는 일본 애니메이션 영화와 드라마다. 확실한 팬이 있는 시장인데, 이 둘을 합치면 이 시장에서 1위가 될 수 있다. 가장 유명한 콘텐츠는 〈드래곤볼〉과 〈세일러문〉 시리즈다.

만약, 미국 법무부가 소니의 크런치롤 인수를 불허한다면, 소니는 심각한 내상을 입는다. 미국 스트리밍 시장에서 마이너 사업자로 남을 수밖에 없다. 그리고 이 결과는 재미있게도 넷플릭스와 아마존에는 매우 유리하다. 시장 경쟁을 촉진하기 위해 결합을 심사하는 정부의 의지와 다르게 흘러갈 수 있다.

공정 거래를 위한 규제 법안이 소규모 신생 기업들을 희생시키면서 대기업들을 강화하는 효과를 가져온 것은 이번이 처음은 아니다. 워너미디어와 소니는 크

런치롤과 퍼니메이션은 단지 애니메이션 제작사들이 자신들의 작품을 유통하는 두 개의 사이트일 뿐이라는 입장이다. 다른 옵션이 많다는 것이다. 아마존, 넷플릭스, 훌루, 하이다이브(Hidive) 등도 애니메이션을 많이 유통하고 있다.

결합 심사가 한국 K-콘텐츠에 미치는 영향

디 인포메이션에 따르면 법무부의 결합 심사는 빨라야 6개월이 걸릴 것으로 보인다. 아니면 더 길어질 수도 있다. 결국 합병을 승인하거나 막거나 둘 중 하나로 결론 날 것이다. 이 결론은 우리에게도 매우 중요하다. 한 장르의 독과점에 대해 바이든 정부가 어떤 자세를 취하는지 미리 파악할 수 있기 때문이다. 만약 K드라마가 미국에 본격 진출할 때, 두 서비스가 통합해 진출하거나 현지 업체를 인수할 경우, 소니와 유사한 심사를 받게 될지 모른다. K드라마, K콘텐츠의 영향력이 더 커진다면 그 가능성도 더 커진다.

바이든 정부는 반독점 이슈를 심각하게 보고 있다. 대표적 규제 기관인 법무부와 FTC는 반독점 관련 기업 인수 합병 심사를 강화하고 있다. 법무부는 세일즈포스의 슬랙 인수와 관련한 심사 기간을 연장했고, 연방무역위원회(FTC)는 페이스북의 10억 달러 규모 쿠스토머(Kustomer) 인수를 집중적으로 심사하고 있다. 미국 반독점 규제 기관들은 몇몇 대형 거래를 제외하고는 이렇게 강한 규제 심사를 하지 않는다. 2019년만 해도 2단계 심사가 이뤄진 경우는 전체 거래의 3%에 불과했다.

한편, AT&T나 소니가 소송한다면, 바이든 정부에서 벌어지는 규제 관련 첫 소송이 된다. 그리고 AT&T 입장에서는 지난 정권에서 타임 워너 인수와 관련해 2년 동안 법무부와 소송한 경험이 있다. 당시 법무부는 AT&T가 HBO의 공급 가격을 인수할 가능성이 있다고 봤다. AT&T가 크런치롤을 매각할 경우, 총 1,480억 달러에 달하는 부채를 조금이나마 상환하는 계기가 될 것이다. 2006년 창업한 크런치롤은 애니메이션 시장이 커진다는 판단에 2018년 AT&T가 인수했다.

스트리밍 서비스가
전통 미디어 기업의 주가를 견인하다

코로나바이러스 대유행은 기존 유료 방송 시장에 큰 타격을 줬다. 유료 방송 시장 광고 매출이 급격히 하락하고 가입자들도 좀 더 저렴한 스트리밍 서비스로 이동하고 있기 때문이다. 그러나 이런 상황과는 달리 바이어컴CBS, 라이언스게이트 등 기존 전통 미디어 기업의 주가는 오히려 오르고 있다. 미국 증시에 상장된 스튜디오들이나 전통 콘텐츠 회사들이 그들의 스트리밍 서비스를 런칭했거나 다른 스트리밍 사업자에게 프로그램을 공급하고 있기 때문이다. 스트리밍 시장이 커지면서 모회사 가치가 오르고 공급처도 늘고 있다. 현재 주요 업체 중 넷플릭스를 제외하고는 스트리밍 서비스만으로 상장한 사업자는 없다.

대표적인 기업은 바이어컴CBS와 디스커버리다. 한때 주춤했지만, 요즘에는 연일 최고치를 경신하고 있다. 바이어컴CBS 주식은 2021년 미디어 분야에서 가장 많이 상승한 종목 중 하나다. 2021년 1월 이후 대략 150% 가까이 상승했다. 2021년 1월 초 30달러 중반이던 주가는 3월 22일 기준 100달러를 경신했다. 2019년 바이어컴과 CBS가 합병해 탄생한 이 회사는 2021년 3월 초 스트리밍 서비스 파라마운트+를 런칭했다.

여행, 음식, 다큐멘터리 등을 전문 방송 제작하는 디스커버리는 코로나바이러스 백신 접종률이 높아짐에 따라 주가 상승에 더 많은 탄력을 받고 있다. 야외 활동이 본격화될 것으로 보임에 따라, 아웃도어 전문 콘텐츠에 대한 수요가 더 늘어날 것으로 보고 있다. 특히, 디스커버리 주가는 2020년 12월 스트리밍 서비스(디스커버리+) 런칭 이후 급등해 156%에 가까운 상승률을 기록하고 있다.

전통 미디어 기업에 투자자들이 몰리는 또 다른 이유는 극장 재개관이다. 뉴욕, LA지역 AMC에 이어 미국 2위 극장 체인인 리갈 시네마도 다시 문을 열었다. 이에 이곳에 영화를 공급하는 라이언스게이트, 바이어컴CBS, 디즈니 등 할리우드 스튜디오들의 주가도 상승세다. 리갈 시네마를 운영 중인 시네월드(Cineworld) 주가 역시 상승 추세다.

최근 바이어컴CBS 등 급등한 미디어 주식은 조정이 있을 것이라는 전망도 있다. 그러나 2021년 스트리밍 서비스 시장이 더 확대될 것으로 보이는 만큼, 추가 상승에 대한 기대감은 여전하다. 얼마 전 미국 영화협회(MPA)는 2020년 글로벌 스트리밍 시장 가입자가 10억 명을 돌파했다고 밝히기도 했다. 다만, 유념해야 할 것은 대부분 스트리밍 서비스가 아직 수익을 내지 못하고 있다는 점이다. 디즈니와 워너미디어는 그들 스트리밍 서비스의 손익 분기점을 빨라야 오는 2024년으로 보고 있다.

한편, 미국과 영국 500여 개 극장을 보유하고 있는 시네월드는 워너브러더스와 극장 개봉 기간과 관련한 다년 계약을 맺었다. 2022년부터 워너브러더스는 스트리밍 영화 공개 전 최소 45일간의 극장 독점 개봉 기간을 부여하기로 했다. 기존 90일에 비해 절반으로 줄었지만, 스트리밍 서비스로 미디어 주권이 바뀐 이상 어쩔 수 없는 선택이다. 영국의 경우 최소 한 달(31일)의 극장 개봉을 보장하기로 합의했다. 영화 흥행 여부에 따라 이 기간은 45일까지 연장될 수 있다.

시네월드의 CEO의 무디 리딩거는 "미국 시장은 우리 매출의 75%를 차지하는 중요 시장"이라며 "앞으로 극장 매출이 늘어날 것이고 조만간 정상화될 것이다."라고 말했다. 2019년 시네월드는 글로벌 시장 매출 430억 달러를 기록했다.

2

뉴스미디어와
플랫폼

서브스택,
로컬 뉴스 크리에이터에 10만 달러 지원

뉴스레터 플랫폼 서브스택(Substack)이 지역 뉴스 크리에이터를 직접 지원한다. 플랫폼에서 지역 관련 뉴스레터를 운영하는 크리에이터에게 콘텐츠 제작비용을 미리 주는 방식이다. 서브스택은 지역 뉴스 지원 용도로 올해 100만 달러를 지급하기로 했다. 서브스택이 뉴스레터 크리에이터를 직접 지명해 제작비를 지급하는 것은 이번이 처음이다.

서브스택이 지역 뉴스 크리에이터 혹은 저널리스트를 육성하기로 한 것은 지역 관련 소식이나 뉴스가 '뉴스레터'의 미래 중 하나이기 때문이다. 규모가 작지만, 확실한 독자를 가진 지역 뉴스는 이메일 오픈율이나 열독률이 매우 높은 것으로 알려졌다. 현재 노스캐롤라이나의 'The Charlotte Ledger', 토론토의 'City Hall Watcher' 등은 상당히 충성도 높은 서브스택 오디언스를 보유하고 있다. 이러한 뉴스레터 크리에이터들이 많아질 경우, 서브스택은 수수료 수입(10%)뿐만 아니라 오디언스도 추가 확보하게 된다.

로컬 뉴스에 대해 지원하는 건 서브스택만이 아니다. 구글이나 페이스북 등 IT 기술 대기업들도 뉴스 지원 기금이나 조직을 보유하고 있다. 그러나 서브스택의 로컬 프로그램은 단순히 일회성 현금 지원이 아니다. 이 프로그램은 유료 구독자 확대를 지원하고 뉴스레터의 영속적 안정성을 위해 만들어진 프로그램이다. 즉, 콘텐츠를 만들 금액을 지원하고 이를 바탕으로 오디언스를 확대한 뒤, 계속해서

지속 가능한 양질의 뉴스레터를 만드는 것이 목표다.

'서브스택 로컬' 소개페이지에서도 "이것은 보조금이나 자선적 차원의 펀딩이 아니다. 우리의 목표는 비즈니스 모델을 만들고 자생할 수 있는 로컬 뉴스를 생산하는 것"이라고 언급했다.

미국에서 일부 뉴스레터 작가들의 글이 논란을 낳고 있는 상황 속에서도, 여전히 많은 지역 뉴스 리포터들이 서브스택을 이용하고 있다. 이 중 일부는 지역 뉴스로 많은 돈을 벌고 있다. 현재 노스캐롤라이나 'Charlotte Ledger'의 경우, 매달 9달러의 구독료를 받지만 구독자가 수천 명에 이른다. 매사추세츠 우스터의 소식을 전하는 뉴스레터 'Worcester Sucks and I Love It'도 매달 5달러의 구독료가 요구되나 구독자가 수백 명이다.

현재 서브스택에 얼마나 많은 지역 기자가 속해 있는지는 알 수 없다. 서브스택을 통해 캐나다 토론토의 정치 관련 글을 쓰고 있는 매트 엘리어트는 복스(VOX)와의 인터뷰에서 "현재 900명의 유료 독자(월 5달러, 1년 50달러)를 보유하고 있다."라고 말했다. 그는 지역지인 '토론토 스타'에 정기적으로 글을 쓰고 있다. 또한, 인사이더의 국내 정치 담당 현직 기자인 아담 렌(Adam Wren)은 인디애나의 정치와 사회에 대한 뉴스레터(Importantville)를 운영하고 있다. 그는 니먼랩과의 인터뷰에서 "서브스택은 내 수입의 일정한 보조금"이라고 언급했다.

지역 작가 30명의 뉴스레터 지원

서브스택은 이번 프로그램을 통해 30명의 지역 작가를 지원한다. 편집과 디자인 서비스를 제공하고, 의료 보험과 신규 비즈니스 자금 우선 지급 같은 서비스도 할 예정이다. 일단 서브스택은 선발된 지역 저널리스트에게 최대 10만 달러를 지원하고 이들이 벌어들이는 수익의 15%를 1년 수수료로 징수할 계획이다. 나머지 수익은 저널리스트의 몫이다. 작가들은 2년차부터 일반적인 계약을 적용받으며 전체 수익의 90%를 가져갈 수 있다.

일부에선 지원금 규모가 너무 적어 큰 반향을 일으키지 못할 것이라는 지적도 있다. 서브스택은 지난 3월 벤처캐피털로부터 6,500만 달러의 자금을 투자받았다. 이에 앞서 서브스택은 '서브스택 프로 프로그램(Substack Pro Program)'을 통해 전문 작가나 기자, 교수들에게 계약금 형태의 선금을 주고 뉴스레터 발행 계약을 한 바 있다. 이때 선금은 2년 계약에 25만 달러에서 43만 달러 수준이었다.

Z세대 스튜디오 ATTN, 커뮤니티 변화에 앞장서다

2021년 4월, 디지털 미디어 스튜디오 ATTN이 숏폼 동영상 공유 서비스 틱톡 (TikTok)과 영상 공급 협약을 맺었다. 틱톡의 커뮤니티 개혁 운동 'TikTok for Good(@TikTokforGood)'을 위한 비디오 콘텐츠를 제공한다는 내용이다. 합의에 따라 ATTN은 틱톡 맞춤형 영상을 만든다.

10대에서 20대 초반 세대의 압도적인 지지를 받는 틱톡은 미투(Me Too), 흑인 인권운동(Black Lives Matter) 등 사회 문제와 공동체가 함께 고민해야 할 문제에 유독 민감하다. 이번 합의도 그 연장선이다. ATTN은 영상을 통해 세상을 바꾸는 '솔루션 저널리즘'에 특화된 스튜디오이다.

합의에 따라 ATTN은 환경 보호와 동물 복지 등을 다루는 밈(Meme)과 같은 다양한 포맷 영상을 함께 만든다. 또 지구의 날, 메모리얼 데이, 선거일 등에는 특별 영상과 함께 라이브 방송도 진행할 계획이다. 특히, 지금까지와 같이 밀레니얼과 Z세대 사회 운동가들의 목소리를 직접 담아낼 예정인 것으로 전해졌다. ATTN의 창업주인 매튜 시걸(Matthew Segal)은 악시오스와의 인터뷰에서 "ATTN은 사회의 긍정적 개혁을 목적으로 하는 스토리텔링이 중심이며, 1년간의 틱톡과의 계약이 이를 입증하는 계기가 될 것"이라고 설명했다.

ATTN, 복잡한 이슈를 설득력 있는 어조로 전달

지난 2014년 미국 LA에서 설립된 ATTN은 솔루션 저널리즘에 특화된 디지털 스튜디오다. 인류가 다뤄야 할 주제를 사람들에게 제시하는 것이 목표다. 그래서 사회의 가장 중요한 이슈 중 하나인 지속 가능성, 교육, 건강, 사회 개혁, 시민 인권 등과 관련한 콘텐츠를 만든다. 하나의 영상을 시작으로 사회의 긍정적인 변화를 유도하는 것이 목표다. 페이스북 워치(Watch)와 같은 숏폼 콘텐츠부터 기존 레거시 미디어의 롱폼까지 '우리 사회의 건전한 개혁'을 주제로 다양한 포맷을 변주한다. 뉴욕타임스는 ATTN에 대해 "복잡한 이슈를 설득력 있는 화면으로 보여주는데 탁월하다."라고 평했다.

사실 ATTN의 촬영 포맷이나 기법은 특이하지 않다. 대신 중요한 사회적 이슈를 알리기 위해 신뢰할 수 있는 이들(바이든, 오바마, 매튜 매커너히 등)을 출연시켜 화면을 직접 응시하며 말하게 한다. 특히, ATTN은 Z세대의 주된 관심사와 눈높이에 맞는 콘텐츠를 만든다. Z세대는 밀레니얼 세대에 이어 사회 정의와 자신이 사는 커뮤니티의 변화에 가장 민감한 이들이다. 이 때문에 ATTN은 많은 소셜 미디어 서비스의 러브콜을 받아왔다.

현재 ATTN은 대부분의 미디어 플랫폼에 진출해있다. 인스타그램, 페이스북 등과는 제작 협약이 이루어져 있다. 페이스북의 경우 숏폼 동영상 플랫폼인 워치에 영상을 자주 올리는데, 팔로워 숫자가 679만 명 정도다. 영상 시청 수는 보통 5억 뷰가량 된다. 다만 불특정 다수의 뷰를 기대하는 유튜브보다는 확실한 가입자가 있는 '구독형 동영상 공유 플랫폼'을 선호한다.

ATTN은 ABC와 NBC 등 메이저 방송사와도 제작 계약을 맺었다. NBC의 경우, 코로나바이러스 백신 접종을 독려하는 교양 프로그램 〈Roll Up your Sleeves〉를 ATTN이 만들어 공급했다. 백신 접종의 필요성을 설득적인 어조로 이야기하는 이 프로그램에는 바이든 미국 대통령과 버락 오바마 전 대통령 등이 나와 백신 접종의 중요성을 말한다. 방송 제작에는 사회 변화를 주도하는 시민 단체인 'Civic Nation'의 백신 인지도를 높이는 운동 'Made to Save Initiative'도 참여했다. 물론 이 방송의 숏폼 영상은 페이스북 워치에서 볼 수 있다.

확실한 지지 계층이 있는 만큼, 매출성장도 안정적이다. 2020년의 경우, ATTN

에게 최고의 한 해였다. ATTN의 평균 광고 청약은 2020년에서 2021년 사이, 약 30만 달러에서 60만 달러로 2배 증가했다. 앞으로의 광고 전망도 긍정적이다.

변화한 틱톡, 미디어와의 만남 활발

ATTN과 틱톡의 만남은 숏폼 소셜 미디어 서비스가 사회 개혁, 변화, 인권 보호 등에 적극적으로 뛰어들고 있음을 보여주는 사례이기도 하다. 사실 그동안 틱톡은 정치 이슈나 민감한 사회 문제에 대해 거리를 두고 있었다. 중국과 미국의 관계 때문에 정치 광고나 관련 콘텐츠를 피해왔다.

그러나 2020년 흑인 인권 시위와 코로나바이러스 문제, 총기 사고 등을 겪으면서 분위기가 반전되고 있다. 소셜 미디어 서비스 플랫폼으로 사회 변화와 공동체의 미래를 위한 개혁에 뛰어들 필요성을 느낀 것이다. 여전히 특정 정치 세력들과는 거리를 두고 있지만, 함께 사는 건전한 공동체 건설, 더 나은 미래, 환경, 동물보호 등에는 적극적인 편이다. 틱톡의 주된 소비층인 Z세대, 밀레니얼 세대의 관심사와 일치한다. 모두에게 중요한 사회 이슈에 대해 눈을 감지 않는 이들이다.

이런 지점에서 '한 컷의 화면'으로 모든 것을 상징할 수 있는 숏폼 동영상 서비스 틱톡은 매우 강점이 있다. 강력한 이미지는 수십 분 분량의 다큐멘터리보다 설득력이 있다. 미디어 기업들이 젊은 세대와의 만남을 위해 틱톡을 원하는 이유도 여기에 있다. 특히, 사회적 책무가 있는 언론사의 경우, 틱톡과 같은 숏폼 소셜 미디어와의 만남이 커다란 긍정적 에너지를 생성할 수 있다. '재미있는 영상 속 사회적 의미를 담아내는 노력'은 기업의 새로운 시도를 넘어 사회를 따뜻하게 만들기도 한다.

CBS 뉴스룸,
단독 뉴스보다 뉴스 비즈니스에 집중

수잔 지린스키(Susan Zirinsky)는 CBS 뉴스의 현존하는 전설이다. 여자로선 드물게 최고 뉴스 책임자까지 올랐다. 1972년 언론에 첫발을 내디딘 이후 50년이 지난 2019년에는 CBS 뉴스 부문 대표가 됐다.

사실 그녀가 대표에 취임할 당시 회사 상황이 좋지 않았다. 유명 프로듀서 제프 페이거(Jeff Fager)와 레슬리 문브스(Leslie Moonves) CEO가 성 추문으로 물러났다. 지린스키는 당시를 회상하며 "도덕성은 땅에 떨어졌고 프로그램은 엉망이었다."라고 언급했다. 2년간 CBS 뉴스 대표를 맡은 그녀는 최근 후임 사장이 발표되면서 퇴임이 확정됐다. 지린스키는 "2년 동안 조직적으로나 저널리즘적으로 많은 것을 이뤘다. 나는 내 모든 힘을 조직 재건에 쏟아부었다."라고 언급했다. 지린스키는 앞으로 CBS가 만드는 뉴스 콘텐츠 스튜디오를 책임지게 된다. 데일리 뉴스 외 탐사 보도 등 뉴스를 기반으로 한 콘텐츠를 만드는 조직이다. TV뿐만 아니라 스트리밍 서비스나 모바일 등에도 뉴스를 공급한다.

미국 지상파 네트워크의 꼴등을 인계받은 지린스키

지린스키가 뉴스 부문 사장이 될 당시, CBS의 시청률은 바닥이었다. 아침과 저녁 뉴스는 ABC와 NBC에 밀려 시청률 3위에 머물렀다. 지린스키는 취임 이후 변신을 시도한다. 먼저 아침 뉴스 〈CBS This Morning〉를 살리기 위해 스타 앵커 게일 킹(Gayle King)과 재계약했다. 전임 공동 앵커였던 찰리 로스(Charlie Rose)가 직장 내 부적절한 행위로 퇴출된 그때다. 다행스럽게도 CBS 아침 뉴스는 서서히 살아났다. 2021년 3월 8일 CBS 아침 뉴스는 ABC와 NBC를 처음으로 앞섰다. 오프라 윈프리가 출연해 메건 마클과의 인터뷰 에피소드를 단독으로 전했다. 〈60 Minutes〉와 〈CBS Sunday Morning〉도 높은 평가와 시청률을 기록했다.

지린스키는 뉴스 제작에 큰 힘을 실어줬다. 50년 경력의 지린스키는 뉴스 관련 지식만큼은 누구와 견주어도 뒤지지 않는다. 선거가 있었던 2020년 CBS의 메인 뉴스 본거지를 뉴욕 맨해튼이 아닌 정치 중심지 워싱턴으로 옮긴 것도 그녀다. 첫 방송에서 서부 지역에 뉴스가 송출되지 않는 사고가 발생했지만, 그 덕분에 시청자도 증가했다.

그러나 조직 관리에는 약점을 드러냈다. 기자 출신으로 모든 사안에 대해 보고받는 것에 익숙한 지린스키는 큰 결정을 앞두고 지나치게 심사숙고한다는 비판을 받았다. 그래서 지린스키는 대표에 임명된 후 "자신이 그 자리에 부적합할 수 있다. 서류 작업이 너무 안 맞는다."라고 털어놓기도 했다. 결론적으로 말해 지난 2년간 CBS는 지린스키가 저널리즘과 조직 재건에 힘썼지만 미완으로 끝났다. 그녀는 "저녁 메인 뉴스는 핵심 시청자층에서 타사와의 격차를 좁혔고 다소 혼란스러웠던 보도국 분위기를 정리했다."라고 말했다.

CBS 뉴스 이제 저널리즘보다 뉴스 비즈니스로 진격

지린스키의 후임은 공동 사장이다. 간단히 말하면 뉴스보다는 사업 전략에 탁월한 외부인들이다. 미디어 그룹 허스트 출신 니라즈 켐라니(Neeraj Khemlani)와 ABC 지역 방송 그룹에 오랫동안 근무한 웬디 맥마흔(Wendy McMahon)이다. 맥마흔은 ABC에 근무하기 전 CBS 보스턴과 미니애폴리스 스테이션에서 일한 바 있다. 켐라니도 CBS 대표 프로그램 〈60 Minute〉의 대표 프로듀서로 근무한 적이 있다.

이들은 취임 이후 메인 뉴스와 아침 뉴스 시청률을 높이기 위한 시도보다는 뉴미디어 플랫폼을 이용해 뉴스 도달률을 높이고 CBS의 지역 방송사들과 함께 CBSN, 스트리밍 서비스 등에 집중할 것으로 보인다. 이와 관련 CBS는 뉴스룸과 CBS의 28개 지역 방송사들을 같은 사업군으로 편입시켰다. 뉴스의 가치를 극대화하는 작업이다.

이 변화는 조지 칙스(George Cheeks) CBS 엔터테인먼트그룹 CEO가 앞장섰다. CBS는 에드워드 머로우와 월터 크롱카이트 같은 뛰어난 저널리스트를 배출한 역사를 가졌지만, 현재는 확실한 3등이다. 변화가 필요했다.

칙스는 변화의 시기에는 지린스키와 같은 인물보다 '뉴스를 어떻게 포장하고 잘 전달할까?'를 고민할 인물, 즉 뉴스 비즈니스에 더 익숙한 사람이 필요하다고 생각했다. 미디어 그룹 입장에선 뉴스의 수익도 중요하다. 최근 CBS 직원들에게 보낸 메모에서 칙스 CEO는 "시청자들의 요구와 시청 습관은 날이 갈수록 진화하고 있다."라고 서술했다. 뉴스룸이 시대에 따라 변화해야 한다는 주문이다. 그는 "지린스키를 지칠 줄 모르는 강력한 저널리즘의 수호자"로 칭송했지만, "그녀가 뉴스룸의 성공을 위해 초석을 놓고, 새로운 시대를 맞아 다음 세대의 리더에게 그 자리를 물려줄 것"이라고 언급했다.

지린스키는 뉴욕타임스와의 인터뷰에서 "이 변화가 맞고 적절한 타이밍이라고 믿는다."라고 말했다. 지린스키는 "만약 시청률이 중요하지 않다고 말한다면, 그건 아마도 거짓말일 것이다."라고 털어놨다.

ABC뉴스,
CBS 출신 킴벌리 갓윈에게 미래를 맡기다

CBS뉴스에 오래 근무한 킴벌리 갓윈(Kimberly Godwin)이 차기 ABC뉴스 대표를 맡는다. 그녀는 미국 메이저 미디어의 뉴스 부문 최고 책임자가 된 최초의 흑인 여성이다. 그녀의 임명은 모회사인 디즈니의 엔터테인먼트 부문 대표인 피터 라이스(Peter Rice)에 의해 결정되었다. 갓윈 신임 뉴스룸 사장은 2021년 5월부터 사임한 전 제임스 골드윈 ABC뉴스 대표의 뒤를 잇게 된다.

갓윈의 승진 임명은 최근 미국 뉴스룸의 변화 움직임 중 하나다. 5년간 뉴스의 홍수 속에 살았던 미국인들은 트럼프 퇴임 이후 빠르게 뉴스에서 이탈하고 있다. 이와 함께 코로나바이러스 대유행 이후 뉴스를 스트리밍 서비스를 통해 보는 오디언스도 급격히 늘었다. 기존 TV 전문가 중심의 리더십으로는 험한 파고를 넘을 수 없다.

이에 미국 메이저 방송사들은 일제히 리더십을 교체 중이다. 앞서 언급했듯이 CBS뉴스도 수장 지린스키의 뒤를 이을 2명의 후임자를 발표했다. 프로듀서 출신인 지린스키는 뉴스룸을 떠나 모회사 바이어컴CBS의 스트리밍 서비스에 서비스될 뉴스 관련 콘텐츠를 만들 계획이다. CNN도 변화의 중심에 있다. CNN를 대표했던 사장 제프 저커(Jeff Zucker)는 2021년 말 회사를 떠날 것이라고 밝혔다. 이에 앞서 MSNBC는 라시다 존스(Rashida Jones)가 2020년 12월에 새 대표가 되었다. 주요 3대 메이저 뉴스 채널을 책임지는 최초의 여성 리더다.

ABC뉴스 대표 킴벌리 갓원

갓원의 역할은 당연히 ABC 뉴스룸의 경쟁력 강화다. ABC는 플랫폼과 내용의 변화가 동시에 찾아오는 이 시대에 ABC가 아닌 CBS 출신에게 구조 신호를 보냈다. 이유는 그녀가 지역 뉴스룸과 글로벌 뉴스, 스트리밍 뉴스 경험이 있는 거의 유일한 인물이기 때문이다. 최근까지 CBS뉴스의 부사장을 맡았던 갓원은 ABC 저녁 뉴스와 아침 프로그램 업그레이드에 나선다. 지금은 ABC뉴스가 괜찮은 편이지만, 디지털 시대의 앞날은 아무도 모른다.

데이비드 무이어(David Muir)가 진행하는 ABC 월드 뉴스 투나잇은 시청률 1위를 기록 중이다. 평균 시청자가 940만 명이다. 2위는 NBC 나이틀리뉴스인데 평균 시청자가 790만 명이다. 3위는 CBS 이브닝뉴스로 590만 명이다. 아침 뉴스인 ABC 굿모닝 아메리카는 NBC 투데이를 맹렬히 추격하고 있다. 피터 라이스 디즈니 엔터테인먼트 부문 대표는 "글로벌 뉴스와 지역 뉴스와 관련한 킴의 경력은 정확하고 투명한 보도 등 뉴스룸의 핵심적 기능 육성에 도움을 줄 것"이라고 언급했다.

미국의 뉴스 프로그램들은 큰 혼란 상태다. 케이블 뉴스 채널들은 트럼프 퇴임 이후 최근 몇 개월간 시청률이 크게 떨어졌다. 지상파 아침 뉴스와 저녁 뉴스 시청률은 1년 전과 비교해 큰 폭의 하락을 보였다. 코로나바이러스 대유행 때 집중됐던 관심이 점점 해체되고 있는 양상이다.

때문에 갓원은 뉴스의 새로운 미래를 개척해야 한다. 바로 'ABC News LIVE' 등 뉴미디어, 스트리밍 뉴스의 개발과 수익화다. 물론 쉽지 않은 길이다. 그나마 희망적인 소식은 뉴스에 대한 수요가 늘 존재한다는 점이다. 훌루 등 스트리밍 서비스에서 뉴스 콘텐츠는 차별적인 요소로 작용할 수 있다. ABC도 그녀에게 많은 기대를 하고 있다.

한편, 갓원은 뉴욕, LA 등에서 35년 동안 기자로 근무했다. ABC로 옮겨와서는 뉴스 편성과 이를 이용한 비즈니스를 함께 책임진다. 스트리밍 서비스와 오디오 뉴스 개혁도 그녀가 추진해야 할 몫이다. 특히, 스트리밍 서비스 'ABC News LIVE'를 중심으로 한 새로운 디즈니의 스트리밍 서비스를 서포트 하는 일은 뉴스룸의 미래를 위해 갓윈의 가장 중요한 임무라는 평이다.

바이든 시대,
방송의 다양성과 투자 매력 사이의 갈등

민주당 정부가 이끄는 FCC. 미국 방송 업계에서는 트럼프 정부가 만든 법률이나 규제를 다시 체크하고 있다. 현실에 맞는지, 특정 세력에 유리한지 등을 점검하는 것이다. 방송 업계에서는 재 전송료(플랫폼 사업자가 지상파 방송사에 지급하는 일종의 프로그램 송출비) 소유 지분 제한 규제 형평성 논의가 한창이다.

점점 높아지는 재전송료 갈등, 시청자가 피해자

재전송료와 관련하여 2021년 3월 중순 미국 TV 연합(American Television Alliance, ATVA)의 대표자들이 연방통신위원회(FCC)의 고위 관계자들을 면담하고 "현재 미디어 기업 소유 제한 규정은 방송사들이 규제를 피해 상위 3개 기업 연합, 심지어 4개 연합까지 만들 수 있도록 허용하고 있다."라고 주장했다. 지나치게 메이저 방송 그룹에 유리한 규제라는 것이다. 일부 상위 기업에 힘이 쏠릴 경우, 재전송료가 향후 천정부지로 오를 가능성이 있다는 우려다. ATVA는 미국 AT&T 등 방송 플랫폼 사업자와 시민 단체들이 재전송료 갈등으로 인한 방송중단(Black out)을 막기 위해 설립해 활동하는 이익 단체다.

　ATVA는 FCC를 통해 "미디어 기업들의 합병은 재전송료 인상을 불러올 것이며, 다양성이 사라지고 부담이 소비자들에게 전가될 것"이라고 강조했다. ATVA

는 연간 20% 달하는 재전송료 인상과 기록적인 재전송 관련 방송중단은 시장 기능이 작동하지 않는다는 것을 의미한다며 재전송 동의(retransmission consent) 제도를 문제 삼았다. 재전송 동의를 넘어 재전송 강제화 등 보다 강력한 조치가 필요하다는 주장이다.

지상파 방송사, 소유 지분 제한이 방송 발전 막아

그러나 지상파 방송사들은 반대 주장을 하고 있다. 미국 연방방송협회(National Association of Broadcaster, NAB)는 비슷한 시기에 다른 FCC 임원을 면담해 같은 이슈를 제기했는데, 시각은 전혀 달랐다. NAB는 "만약 지역 콘텐츠에 대한 공정한 보상이 이뤄지지 않는다면 지역 소식, 날씨, 스포츠, 재난 정보 등의 핵심 정보를 제공할 수 없을 것"이라며 "유료 방송, 스트리밍 서비스, 소셜 미디어 서비스 등에는 부과되지 않는 규제가 방송에 적용되면 안 된다."라고 언급했다. NAB는 ATVA에 대해 "의회가 재전송 동의 혹은 의무 재전송 규정을 현실에 맞게 개정하려는 의지를 약화하는 '부담스러운 그룹'이다."라고 언급했다.

현재 FCC의 소유 제한 규정과 관련 NAB는 규제가 너무 강해 구시대적이고 위험하다고 지적했다. FCC는 이 규제가 방송의 다양성을 위해서라고 했지만 사실 아무 진전이 없었다고 주장했다. 최근 미 대법원은 같은 방송 권역에 복수 방송사 소유를 허용하고 신문과 방송의 교차 소유를 인정하는 내용을 골자로 하는 FCC의 지분 규제 완화안을 승인했다. 하지만 전국 단위 등의 지분 제한 규정이나 다른 낡은 규제는 여전히 그대로다. 여전히 ABC나 NBC, CBS는 지역 방송 네트워크를 보유하지 못한다.

NAB는 "FCC는 그들이 방송의 공정성과 다양성을 육성하기 위해 만든 법이 이제는 방송사들로부터 투자에 매력을 느끼지 못하게 만든 현실을 직시해야 한다."라고 언급했다. 또 "잠재적 투자자들은 방송의 부담스러운 소유 및 기타 제한 때문에 규제가 없는 다른 산업을 선택할 가능성이 크다는 점을 감안해야 한다. 위원회가 원하는 결과가 달성될 가능성이 훨씬 낮아졌다."라고 덧붙였다. FCC는 4년마다 공공의 이익에 부합해 방송사에 대한 규제가 합당한지를 평가

(Quadrennial Regulatory Review)한다. 최근 조사는 2018년에 있었다.

한편, NAB 의장인 고든 스미스(Gordon Smith)가 2021년 12월 31일 자리에서 물러나 고문으로 취임한다. 2022년부터는 커티스 르게이트(Curtis LeGeyt) 현재 COO가 회장에 취임한다. 2009년 NAB 회장에 오른 스미스는 2번의 상원의원을 역임한 베테랑이다. 나중에 다국적 법률회사 Covington & Burling, LLP 워싱턴 사무소 고문으로도 근무했다. 당시 워싱턴 의회와의 협상 루트가 필요했던 NAB는 고든을 회장으로 선택했다.

스미스는 재임 시절에 몇 가지 의미 있는 실적을 이뤄냈다. 주파수 인센티브 경매와 주파수 효율화를 위한 재배치(Repack), ATSC 3.0 차세대 지상파 방송 표준 확정과 FCC와 미 의회 가까운 곳에 본사를 옮긴 것이 대표적이다.

방송 사업자들에게 고든이 안겨준 가장 큰 성공은 공화당 정부의 아짓 파이(Ajit Pai) FCC 의장 시절, 미디어 소유 제한을 완화한 것이다. 이 행정 명령은 시민 단체의 이의 제기로 법원에 계류돼 있다가 최근 연방 대법원에 의해 효력을 인정받았다. 이로 인해 앞으로 미국에서는 같은 방송 권역 내에 지상파 미디어의 복수 소유가 가능해졌다. 그리고 신문-방송-라디오 등 이른바 복수 플랫폼을 가진 사업자도 등장할 수 있게 되었다.

특히, 스미스는 현재 방송 시장의 주요 경쟁자인 지상파 방송사, 케이블TV 사업자, 위성 방송, 스트리밍 서비스 간 치열한 점유율 싸움에서 '주파수를 가진 무료 서비스'의 가치를 지속적으로 주장하고 인정받았다. 컴캐스트 등 케이블TV 사업자들이 의무 재전송, 재전송 동의 등의 시스템을 무력화하려고 노력했지만, 이를 강력히 방어해냈다. 앞으로는 어떻게 될지 모르겠지만 말이다.

최근에는 코로나바이러스 대유행 상황에서 지역 지상파 방송의 어려움이 가중되자, 소상공인 지원금을 지역 언론사도 지원받을 수 있게 한 것이 그의 업적 중 하나로 꼽힌다.

OTT와 OTA 시대에 대응하는 코트TV

1990년대 미국 법정에 카메라가 등장했을 때, 법률을 다루는 코트TV(Court TV)는 케이블TV에서 가장 인기 있는 채널 중 하나였다. 코트TV의 전성기는 윌리엄 케네디 스미스, OJ 심슨, 메넨데즈 형제 등 극악무도한 사건과 관련된 미국 유명인들의 재판을 중계할 때였다. 시청자들은 코트TV를 통해 법정 첫 번째 줄에 앉은 것처럼 생생한 화면을 볼 수 있었다.

그러나 90년대 후반, CNN, FOX 등 케이블TV 뉴스 채널들이 재판 중계에 나서면서 코트TV에 대한 관심이 급격히 줄었다. 이후 이 채널은 사건 재연 프로그램이나 실화 탐험대와 같은 방송에 주력하다가 워너미디어(당시 타임워너)에 인수

코트TV 홈페이지

된 이후에는 재판 실황 중계를 거의 하지 않았다. 나중에는 트루TV(TruTV)로 이름을 바꾸면서 콘셉트가 완전히 바뀌었다.

2019년 5월, 코트TV가 부활했다. 신시내티에 기반을 둔 미국 3위 지상파 방송사 E.W. 스크립스(E.W Scripps)에 의해서다. 이 회사는 워너로부터 상표권과 과거 재판 자료 영상을 구매해 다시 방송을 시작했다. 시간은 지났지만 컨셉트는 재판 중계 그대로다.

최근 코트TV가 다시 주목받고 있다. 미국 미네소타 미니애폴리스 경찰관 데릭 쇼빈의 재판 때문이다. 쇼빈은 2020년 5월 25일 흑인 남성 조지 플로이드(George Floyd)에게 수갑을 채우고 목을 자신의 무릎으로 장시간 눌러 질식해 죽게 한 장본인이다. 이 사건으로 흑인 인권 시위가 발발하게 되었다. 코트TV는 이 재판을 처음부터 끝까지 모두 보여주고 있다. 코트TV 선임 부사장인 스콧 터프츠(Scott Tufts)는 LA타임스와의 인터뷰에서 "이 사건은 우리가 다시 런칭한 이후 가장 중요한 재판이다. 아마 지상파를 통해 방송된 미국 역사상 의미 있는 사건 중 하나일 것이다."라고 강조했다.

현재 애틀랜타에 본사를 둔 코트TV는 쇼빈 재판의 전 과정을 중계하는 유일한 방송사다. 이 사건으로 미네소타는 법정 카메라 촬영이 처음으로 허용됐다. 특히, 코트TV는 케이블TV뿐만 아니라 지상파 방송 및 유튜브 등 디지털 디바이스를 통해서도 중계된다. 코트TV는 재판 전 심리나 배심원 결정 등 모든 과정을 중계하고 있다. 닐슨 자료에 따르면 일일 총 시청률은 2020년 동기 대비 30%나 올랐다. 실시간 스트리밍은 매주 평균 300만 명에서 1,350만 명으로 무려 346% 급증했다.

모든 미디어 플랫폼에 진출하고 싶은 코트TV

코트TV는 디지털 지상파 TV 다채널 방송(MMS)을 통해 미국 전역 1억1,200만 명에게 방송되고 있다. 2009년 코트TV는 디지털 고화질(HD) 채널 전환 시 추가로 MMS 채널을 확보한 바 있다. 이와 함께 케이블TV 방송과 유튜브, 웹사이트, 스트리밍 서비스(플루토TV), 모바일 앱 등 거의 모든 방송 플랫폼을 통해 방송되고 있다.

새로운 코트TV의 사업 전략은 '플랫폼에 구애받지 않는 채널 서비스'다. 케이블TV 등 유료 방송 서비스 가입자가 급격히 감소하는 상황에서, 코트TV는 시청자들이 소비하는 모든 플랫폼에 진출하길 원한다. 이에 대해 터프 부사장은 언론과의 인터뷰에서 "나에게는 세 명의 아이가 있는데 그들은 모두 스마트폰과 아이패드를 통해 콘텐츠를 본다. 그런데 70대인 어머니는 지상파 TV를 통해 방송을 본다."라고 언급했다.

코트TV의 모회사인 지상파 방송 사업자 E.W. 스크립스는 스트리밍 서비스 증가와 유료 방송 플랫폼 감소 사이 틈새를 공략하고 있다. 스트리밍 서비스 가입자가 급증하고 있지만, 구독료도 계속 오르고 있어 (가격 부담 때문에) 무료 공중 안테나를 통해 방송을 보는 시청자가 늘어나고 있기 때문이다. 최근 닐슨이 발표한 자료에 따르면 2020년 미국 전체 가구의 40%에 달하는 5,000만 가구 정도가 안테나를 통해 지상파 방송을 보고 있다. 2019년 29%에 비해 급증했다.

이를 분석해 보면 영화나 오리지널 콘텐츠는 스트리밍 서비스로 보고, 뉴스나 스포츠 같은 실시간성이나 지역성이 중요한 프로그램은 유료 방송 대신, 안테나(OTA: Over The Air)를 통해 본다는 이야기다. 물론 코트TV처럼 인기 있는 케이블TV 채널도 지상파 방송을 통해 송출할 수 있다. OTT와 OTA는 어쩌면 잘 어울리는 조합이다.

E.W. 스크립스는 다양한 지상파 및 유료 방송 채널을 묶은 '하이브리드 광고 상품'을 팔고 있다. 흑인 시청자에게 인기 높은 바운스(Bounce)와 클래식TV, 서부 영화를 상영하는 그리트(Grit), 밀레니얼 세대를 겨냥한 뉴스 채널 '뉴스Y(Newsy)' 등이다. 그리고 최근 인수한 아이온(ION) 네트워크도 크로스 미디어 광고에 적합하다. 지상파, 케이블TV, 스트리밍 방송을 모두 묶어 오디언스를 확대하는 작업은 다양한 광고주들을 만족시키기 위해 필수다.

한편, E.W. 스크립스는 코트TV를 장기적으로는 CNN과 같은 뉴스 채널로 육성하려 한다. 사실 CNN도 과거 케이시 앤서니 살인 재판(the Casey Anthony murder trial) 등 미국 전역에서 관심이 높았던 사건 취재를 시작으로 정치로 옮겨 갔기 때문에 아예 불가능한 일은 아니다.

이를 위해 코트TV는 현장 기자들과 앵커를 법률 학위를 가진 직원들로 선발하고 있다. 그리고 쇼빈의 재판에서 다른 뉴스 채널들과 차별화하기 위해 정치적 사회적 분석보다는 오로지 '법'에 기초를 둔 분석을 하고 있다. 소셜 미디어 서비스를 통해 시청자 의견을 모아 궁금증도 풀어주고 방송도 한다. 터커 부사장은 "요즘처럼 양극화된 뉴스 환경에서 우리는 법과 팩트에 기반을 둔 방송으로 승부한다."라고 말했다. 그들이 살아가는 방법이다.

미국 연방 대법원,
미디어 기업 소유 제한 완화 승인

미국 연방 대법원이 지역 방송 권역의 미디어 소유에 대한 연방통신위원회의 규제 완화안을 만장일치로 승인했다. 브렛 캐버노 대법관의 심리로 진행된 법원은 FCC가 2017년 3차례에 걸쳐 미디어 소유 제한 규정을 완화한 것은 행정절차법상 합리적인 행위였다고 판단했다.

트럼프 행정부 당시인 2017년, FCC는 미디어 환경 변화를 이유로 크게 3개 카테고리의 소유 제한 규제 완화를 추진했다. 먼저 하나의 법인이 같은 방송 권역(same market)에서 여러 개 방송사를 보유할 수 있도록 하고, TV와 신문 또는 TV와 라디오 등 매체의 교차 소유를 금지하는 규정도 삭제했다.

대법원, 미디어 기업 더이상 여론 독과점 기업 아니다

폐지된 규정 중에는 8개의 의견 테스트(eight-voices test)라는 규정도 있었는데, 한 방송 권역에서 또 다른 방송사를 인수하기 위해서는 인수 후에도 그 지역에서 8개의 개별 운영 방송사들이 남아있어야 한다는 규제다. 또 점유율 상위 4개 방송사 중 2개 이상을 보유할 수 없다는 규정도 2017년 폐지되었다. 이들 미디어 소유 제한 규제는 1970년대부터 이어져 왔다. 지역 시장에서 특정 미디어의 독과점을 방지하고 여론 다양성을 유지하기 위해서다.

미국 연방 대법원 홈페이지 화면

2017년 FCC가 소유 제한을 완화한 가장 큰 이유는 '미디어 시장의 환경 변화' 다. 스트리밍 서비스의 등장 및 구글, 페이스북 등 뉴미디어의 온라인 광고 시장 장악으로 미디어 기업에 대한 여론 독과점 우려가 줄었다는 것이다.

경영난으로 어려움을 겪고 있는 지역 미디어 방송사들은 인수합병에 대한 기대감과 통합 운영 시너지를 예상하며 이 결정을 환영했다. 그러나 규제 완화를 반대하는 진영은 필라델피아 연방항소법원에 "이 개정이 여성과 소수 계층이 방송 매체를 소유하는 데 부정적인 영향을 미칠 수 있다."라며 청원을 제기했다.

2019년 7월 연방항소법원은 이를 받아들여 FCC 규제 완화를 보류했다. 이에 FCC와 미디어 그룹들은 이 사건을 고등법원에 항소했다. 1년 이상의 심의 끝에 대법원은 항소법원의 판결을 뒤집고 FCC의 손을 들어줬다. 브렛 캐버노 대법관은 "당시 FCC가 미디어 시장 경쟁 상황, 지역성 보존, 다양성과 소수 계층과 여성의 소유권 보호 등을 고려했다. 3개의 소유 제한 규정은 더이상 공익에 부합하지 않는다."라고 판결했다.

대법원 판결로 미디어 M&A 가속화

대법원의 이번 결정은 미국 미디어 업계의 판도를 바꿀 것으로 보인다. 일단 넥스타 미디어, 싱클레어, 허스트 등 대규모 지역 미디어들은 생존을 위해 덩치를 키우는 작업에 돌입할 것으로 예측된다. 물론 전체 방송사 소유 제한(미국 가정 시청자의 39%)이 있지만, 특정 권역 내 점유율이 완화되는 만큼 수익성이 높은 대도시를 중심으로 한 인수합병이 이루어질 것으로 전망된다. 특히, 대법원이 미디어 환경 변화를 이유로 FCC의 규제 완화를 강력히 지지함에 따라 다양한 미디어의 이종 결합이 나타날 수도 있다. 신문과 TV, 라디오와 신문 등 각 플랫폼의 약점을 보완하면서 합종연횡이 이루어질 수도 있다.

넥스타나 싱클레어 등 1~2위 미디어 그룹보다는 테그나(Tegna), E.W 스크립스 같은 10위 권 내 지역 방송사들의 생존 움직임이 예상된다. 최근 E.W 스크립스는 26억 달러에 아이온 네트워크를 인수한 바 있다. 2017년 현재 미국에는 1,761개의 지역 방송사가 존재한다.

이런 기대감에 판결 이후 규제 완화 수혜가 예상되는 방송사들의 주가도 상승했다. 싱클레어 브로드캐스트 그룹의 주가는 5%가량 올랐다. 더 많은 방송사를 인수해 점유율을 높일 수 있다는 기대감 때문이다. 1위 지역 지상파 방송사 넥스타의 주가도 3% 상승했다. 3위 사업자 테그나와 폭스(FOX)도 1~3%가량 주가가 높아졌다.

전망

인수 합병 후 지역 미디어 그룹들은 확대된 오디언스를 앞세워 페이스북 등에 빼앗긴 온라인 광고 시장 공략을 본격화할 것으로 보인다. 이와 함께 지역 뉴스를 중심으로 한 중소 규모 로컬 뉴스 스트리밍 서비스도 잇달아 등장할 것으로 예측된다. 현재 미국 2위 지역 지상파 미디어 싱클레어가 보유한 190여 개 지역 스테이션을 묶어 서비스하는 스티어(Stirr)라는 스트리밍 서비스와 유사하다. 이를 통한 추가 수익도 예상된다. 물론 인수로 인한 주가 상승이나 점유율 순위 변동도 예측된다.

스트리밍 서비스가 만든 변화, 개인 방송 플랫폼 시대

사람들이 스트리밍 서비스에 모인 이유 중 하나는 저렴한 가격이다. 미국에서 케이블TV를 중단하고 스트리밍 서비스로 넘어온 사람들의 계산은 간단했다. 한 달 120달러에 달하는 케이블TV를 끊고 월 이용료가 5~15달러가량 되는 스트리밍으로 갈아탄 것이다. 케이블TV에 매달 10만 원 넘게 투입하지만, 정작 보는 건 3~4개 채널이다. 본전 생각이 날 수밖에 없다.

주요 스트리밍 서비스 모두 가입 시 월 10만 원 상당

그러나 거의 모든 사업자가 스트리밍 서비스에 뛰어들면서 새로운 고민이 생겼다. 원하는 채널들을 보기 위해 2~3개 이상의 스트리밍 서비스를 구독해야 한다는 점이다. 최근 디즈니+와 넷플릭스가 가격 인상에 나서고 파라마운트+와 디스커버리+까지 새롭게 스트리밍 시장에 등장하면서 부담은 더 커졌다. 디즈니는 2021년 3월 말부터 월 이용 가격을 1달러 인상해 8달러에 서비스한다. 이에 앞서 넷플릭스는 2020년 스탠다드 상품 가격을 14달러로 인상한 바 있다. 이제 좋아하는 영화나 스포츠 중계 스트리밍까지 묶으면 전통적인 케이블TV 가격 정도를 줘야 한다.

블룸버그는 아마존 프라임 비디오, HBO맥스, 넷플릭스, 디즈니+ 등 메이저

미국 주요 스트리밍 서비스 월 이용 가격(출처 : 블룸버그)	
스트리밍 서비스	미국 내 월 이용료
아마존 프라임	$9
애플 TV+	$5
디스커버리+	$5
디즈니+ 번들	$20
HBO 맥스	$15
넷플릭스	$18
파라마운트+	$10
피콕	$10
합계	$92

스트리밍 서비스에 모두 가입하려면 매달 92달러 정도가 필요하다고 보도했다. S&P 글로벌마켓이 조사한 케이블TV 구독 가격이 월 93.50달러였으니 어느 정도 비슷하다. 여기에는 폭스네이션, AMC+ 등 다소 전문적인 스트리밍 서비스는 포함되어있지 않다. 이를 넣으면 구독료는 더 올라간다.

아직까지는 이렇게 많은 스트리밍 서비스에 가입하는 고객이 거의 없다. 그러나 TV를 사랑하는 구독자들의 고민은 이제 시작이다. 모든 방송 사업자가 스트리밍 서비스로 자리를 옮길 경우, 이 같은 불편한 상황이 올 수도 있기 때문이다. 이때 예상되는 명백한 피해자는 전통적인 방송 플랫폼이다. 스트리밍 서비스에 대한 가격 부담 때문에 케이블TV 구독으로 돌아오는 사람은 거의 없을 것이라는 판단이다. 적어도 〈만달로리안〉과 같은 오리지널 콘텐츠가 계속 서비스된다면 말이다.

오디언스, 개인 방송 플랫폼 구축 시작

소비자들은 유료 스트리밍 서비스보다 저렴한 옵션인 광고 모델(광고를 보는 대신 구독 가격을 낮추는)을 선택할 가능성이 크다. 6월 출시되는 HBO맥스의 광고 버전

등에 관심이 가는 이유도 여기에 있다.

스트리밍 서비스 조사 기관 파크 어소시에이츠(Parks Associates)는 "사람들은 자신에게 맞는 번들을 구독하고 또 해지하는 일을 반복하면서 본인 스스로 최적화된 채널 구성을 갖출 것이다."라고 설명했다. 다시 말해 소비자 스스로 자신의 플랫폼을 만든다는 뜻이다. 암페어 애널리시스(Ampere Analysis)에 따르면 2021년 1월 기준, 일반 미국 가정은 약 4개 스트리밍 서비스에 가입한 것으로 조사되었다. 2017년 조사에서는 평균 2개였다.

파크 어소시에이츠 조사에서는 2020년 미국 가정 가운데 1/3 이상이 4개 이상 스트리밍 서비스를 구독하고 있었다. 반대로 하나도 구독하지 않는 가정은 25% 미만이었다. 복수 스트리밍 서비스 시대는 이미 개막했다. 이제 우리도 얼마 남지 않았다.

스포츠와 뉴스는 개인 방송 플랫폼 시대 핵심

최근 스트리밍 서비스 간 경쟁이 치열해지면서 오리지널 콘텐츠의 규모가 엄청나게 커졌다. 매주 오리지널 드라마가 수십 편씩 쏟아진다. 그러나 여전히 케이블 TV를 끊고 완전히 스트리밍 번들을 구성하기에 아쉬운 장르가 있다. 바로 스포

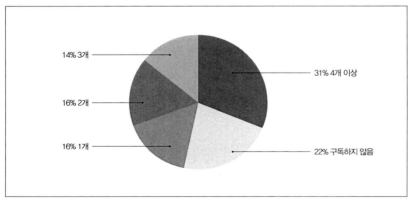

14% 3개
16% 2개
16% 1개
31% 4개 이상
22% 구독하지 않음

미국 1/3 가정에서 스트리밍 서비스 4개 이상 구독(블룸버그)

츠와 뉴스다. 그래서 최근 새롭게 등장하는 스트리밍 서비스들은 이들 장르에 강점을 가진 사업자가 많다. 비즈니스 모델도 광고와 구독을 적절히 섞는다. 피콕(NBC-유니버설), 파라마운트+(바이어컴CBS), 디즈니의 ESPN+는 미국 프로미식축구(NFL) 중계에 모두 뛰어들었다.

뉴스도 마찬가지다. 뉴스룸을 보유한 스트리밍 사업자들은 저마다 뉴스 오리지널 콘텐츠를 스트리밍 서비스에 쏟아붓고 있다. 차별화 전략이다. 물론 실시간 채널이 필요할 때가 있는데, 스트리밍 서비스에 대한 보완재로 디지털 지상파 직접 수신이나 이들이 제공하는 무료 뉴스 스트리밍 서비스를 이용할 수도 있다.

우리의 선택

한국은 아직 스트리밍 서비스 시장 초기다. 콘텐츠는 상당히 앞서 있지만, 플랫폼 서비스 시장 경쟁은 아직 제한적이다. 웨이브와 넷플릭스, 티빙, 왓챠 정도만을 선택할 수 있다. 지금은 아마도 넷플릭스+와 웨이브를 구독하는 가입자가 가장 많을 것이다. 그러나 해외 방송 사업자들이 본격적으로 진입할 것으로 보이는 2021년 하반기 이후에는 양상이 달라질 것으로 보인다.

해외 사업자 복수 가입(디즈니+, 넷플릭스, HBO맥스 등)과 국내 사업자 가입으로 경쟁이 늘어날 가능성이 있다. 이때 소비자들을 고민에서 벗어나게 하고 구독 가치를 높이기 위해서는 차별화가 필요하다. 이런 차별화는 스포츠와 뉴스에서 가장 빠른 효과가 발생할 것이다. 하지만 차별화 효과를 높이기 위해서는 방송 뉴스를 모든 사이트에서 볼 수 있는 지금 상황을 개선할 필요가 있다.

한편, 독립 작가 및 블로그 등을 모아 서비스하며 소셜 저널리즘 플랫폼을 표방했던 미디엄(Medium)이 얼마 전 독립 기자와 작가를 지원하는 쪽으로 회사의 방향을 선회한다며 직원들에게 회사 인수를 제안했다. 트위터의 공동 창업자이자 회사를 설립한 에반 윌리엄스는 최근 이렇게 말했다. "오늘날 독자들에 대한 신뢰와 친화는 주로 브랜드가 아닌 사람(개인의 목소리)에 의해 구축된다." 브랜드는 사라지지 않겠지만 이제 모든 영역에서 개인이 앞서는 시대가 왔다.

미디어 스타트업 악시오스와 애슬레틱,
상장 위해 합병 논의

스포츠 미디어 애슬레틱(Ahthletic)과 뉴스 스타트업 악시오스가 합병을 추진한다. 합병 후 덩치를 키운 뒤 특수인수목적회사(SPAC)를 통해 증시에 상장, 추가 사업 자금을 조달한다는 전략으로 분석된다. 월스트리트저널(WSJ)에 따르면 현재 두 회사는 협상 초기 단계다. 아직까지 구체적인 세부 계획은 공개되지 않았다. 스펙을 통한 기업 공개 바람이 이제 미디어에까지 불고 있다.

알렉스 마더(Alex Mather) 애슬레틱 CEO는 최근 악시오스 CEO 짐 반데헤이(Jim VandeHei)를 만나 인수 제의를 한 것으로 알려졌다. 이 두 CEO는 코로나바이러스 관련 이야기를 하다가 인수합병까지 논의를 확대한 것으로 전해진다. 그러나 아직 누가 합병회사를 이끌지 등 구체적인 논의는 이뤄지지 않았다.

악시오스와 애슬레틱의 움직임은 최근 미국 디지털 미디어 시장의 트렌드와 다르지 않다. 월스트리트저널을 발행하는 뉴스코퍼레이션도 얼마 전 디지털 파이낸셜 뉴스의 인베스터스 비즈니스 데일리(Investor's Business Daily)를 2억7,500만 달러에 인수했다. 2019년에는 복스(VOX) 미디어가 뉴욕 매거진의 뉴욕미디어를 인수했고 바이스 미디어(Vice Media)는 여성 전문 미디어 리파이너리29(Refinery29)와 팝슈가(Popsugar)를 합병한 바 있다.

이런 합병 뒤에는 온라인 미디어의 절박함이 자리잡고 있다. 요즘 온라인 광고 시장 전망은 흐리다. 게다가 구독 시장도 뉴욕타임스와 같은 언론사부터 스트리밍 서비스까지 점유율 경쟁이 치열하다. 뉴미디어 입장에서는 오디언스 확장과 함께 새로운 수익 모델 개발이 필수다.

악시오스와 애슬레틱도 두 회사를 합쳐서 새로운 구독 서비스를 제공하는 데에 잠재적인 성공이 자리 잡고 있다고 믿고 있다. 반데헤이와 악시오스 공동 창업주 중 한 명인 로이 스와츠는 폴리티코(Politico)에서 근무할 당시, 기업 대상 미디어 폴리티코 프로(Politico Pro)를 만든 적이 있다.

만약 악시오스와 애슬레틱이 합병하게 되면, 통합 회사는 확장과 인수를 위한 추가 자금을 확보하러 나설 것으로 보인다. 전문가들은 합병하더라도 조직은 지금처럼 별도 기자와 편집 시스템을 보유하고 각자 독립성을 갖춘 상태로 운영될 것으로 예상한다.

SPAC과의 합병, 자본을 모으는 기본

뉴미디어 기업이 사업 자본을 모으는 가장 논리적인 스텝은 특수인수목적회사(SPAC)와의 합병이다. 악시오스와 애슬레틱도 이 길을 걸을 것으로 보인다. 특수인수목적회사는 특별히 사업목적이 없지만, 유명 기술이나 사업 모델을 가진 회사를 인수해 가치를 키운다. 최근엔 버즈피드나 그룹나인미디어 등 뉴미디어 기업들도 SPAC과의 합병을 통한 기업 공개나 다른 회사 인수를 추진하고 있다. 버즈피드는 2020년 11월 버라이즌이 소유한 허프포스트(HuffPost)를 인수했다. 그룹나인미디어는 자회사로 그룹나인인수회사(Group Nine Acquisition Corp)를 설립하고 2021년 3월 9일 CNN CEO였던 제프 주커(Jeff Zucker)를 등기 이사로 영입했다. 1986년 NBC에 조사연구원으로 입사한 그는 40년이 넘는 경력의 뉴스 전문가다. CNN 디지털을 만들기도 했다.

뉴미디어 스타트업들이 새로운 자금을 찾아 나선 이유는 크게 두 가지다. 코로나바이러스 대유행과 거대 IT 플랫폼으로 인해 광고 매출이 급감했고, 이들 기업에 투자했던 전통 미디어 기업이 등을 돌리고 있기 때문이다. NBC, 폭스, 디즈니, AT&T 등 뉴미디어에 관심이 많던 기업들은 이제 스트리밍 서비스로 진격하고 있다.

장점을 강화하고 약점을 보완하는 기업 결합

악시오스와 애슬레틱의 연합은 서로 강점을 합치고 약점을 보완하여 위기를 넘어서기 위한 당연한 수순으로 볼 수 있다. 디지털 뉴스 스타트업인 악시오스는 숏폼 뉴스에 강하다. 스포츠 구독 미디어인 애슬레틱은 충성스러운 고객을 보유하고 있다. 이런 장점을 강화하면서 오디언스를 넓힐 수 있다는 것이 이번 합병의 취지다.

악시오스는 유명한 저널리스트 3명(Mike Allen, Jim VandeHei, Roy Schwartz)에 의해 2016년에 설립되었다. 숏폼 뉴스와 스토리, 뉴스레터 등 뉴미디어 포맷 뉴스에 강점이 있는 이 회사는 2020년 6,000만 달러의 매출을 올렸다. 2018년에는 케이블TV 채널 HBO와 함께 '악시오스 on HBO'라는 숏폼 단독 인터뷰 프로그램을 런칭했다. 시즌4까지 이어진 이 프로그램은 트럼프 전 대통령, 마크 저커버그 페이스북 CEO, 팀 쿡 애플 CEO 등 유명 인사를 깊숙이 인터뷰해 크게 화제가 되었다. 이 프로그램은 스트리밍 서비스 HBO맥스에서도 방송되고 있는데, 뉴미디어 언론사들의 멀티 플랫폼 전략의 교과서로 불린다. 또 최근에는 기업용 내부 커뮤니케이션 플랫폼 '악시오스 HQ' 등 부가 수익 사업도 런칭했다. 현재 250여 명이 근무하고 있다.

애슬레틱은 2015년 마터(Mather)와 아담 한스맨(Adam Hansmann)이 창업했다. 이용료 월 7.99달러로 전문적인 뉴스 기사에 접근할 수 있는 광고 없는 구독

매체다. 특히, 거의 모든 메이저 스포츠의 각 지역팀 소식에 강하다.

2021년 3월 현재, 47개 북미 도시와 영국 지역 스포츠를 커버하고 있다. 대학 스포츠(NCAA)에도 강한데 이 부분은 아주 큰 차별점이다. 악시오스와는 달리 아주 깊은 분석을 통해 글을 쓰는 롱폼 저널리즘을 추구하고 있다. 주요 비즈니스 모델은 구독이다. 지역 신문이 커버하지 못하는 소식을 전한다. 최근들어 오디오 저널리즘에도 진출해 미국과 영국 스포츠 소식을 전하고 있다. 애슬레틱에 따르면 2020년 7월 현재 유료 구독자가 100만 명이 넘는다. 뉴스룸은 북미, 영국, 호주 등에 있으며 600명의 직원이 근무하고 있다.

코로나바이러스 이후에는 더 강해졌다. 최근 스포츠 매체들은 미국 전역에서 코로나바이러스 대유행으로 인한 스포츠 경기 중단으로 큰 어려움을 겪고 있다. 무급 휴직과 해고, 광고 중단이 이어지고 있다. 그러나 애슬레틱은 2,000만 달러가 넘는 추가 자금을 투입해 공격적으로 경영 중이다. 미국 전역에서 리포트와 스포츠 칼럼니스트가 영입됐고, 파격적인 임금 인상도 약속했다. 이를 통해 링거(Ringer), 야후 스포츠(Yahoo Sports), ESPN.COM, 블리처(Bleacher) 등 무료 스포츠 뉴스와 경쟁 중이다.

애슬레틱은 5번의 라운드에 걸쳐 전문 벤처 투자자로부터 1억3,950만 달러의 자금을 조달했다. 마지막 펀딩은 2020년 1월에 받은 5,500만 달러였는데, 피치북(Pitchbook)에 따르면 회사 가치를 4억7,500만 달러가량으로 인정받았다. 월스트리트저널는 2020년 애슬레틱의 매출을 8,000만 달러로 추정했다.

지역 뉴스와 지역 스포츠의 만남, 새로운 시너지

두 회사의 시너지는 지역에서 발생한다. 2020년 악시오스는 노스캐롤라이나 소재 디지털 미디어 언론사 샬롯 아젠다(Charlotte Agenda)를 인수해 로컬 뉴스레터 사업을 시작했다. 신문을 보지 않는 구독자들에게 지역 소식을 직접 전해주는 것이다. 콜로라도(덴버), 아이오와(데스 모인스), 플로리다(탬파베이) 등 6개 거점 지역에서 뉴스레터를 시작했다.

지역 뉴스와 관련 악시오스는 애슬레틱과의 시너지가 가능하다. 지역 스포츠

Axios Denver

Why it matters: Axios Denver, anchored by John Frank and Alayna Alvarez, is here to help readers get smarter, faster on the most consequential news and developments unfolding in their own backyard.

Advertise with us ⟶

악시오스가 런칭한 지역 뉴스레터

를 소개하는 매체와 뉴스를 다루는 뉴미디어는 함께 볼 가치가 있다. 만약 합병이 성사된다면, 이들 회사는 지역 시장에서 영향력을 키워 추가적인 광고주와 가입자를 유치할 수 있을 것으로 보인다. 그리고 현재 광고 모델 수익이 없는 애슬레틱 입장에서는 기존 구독자 시장에 영향을 주지 않고 새로운 수익 창출이 가능해 보인다. 이런 수익 모델 확장은 기업 공개 및 추가 자금 유입에도 긍정적인 영향을 미칠 것으로 전망된다.

CNN, 스트리밍 시대에 대응하기 위한
데일리 뉴스 플랫폼 추진

스트리밍 시대에 대응하려는 CNN의 발걸음이 빨라지고 있다. 그동안 각종 스트리밍 서비스와 페이스북 등 디지털 플랫폼에 콘텐츠만을 공급해왔지만, 결과가 그리 좋지 않았기 때문이다. 물론 뉴스의 홍수 시대를 맞이하면서 웹사이트 방문자가 늘고 광고와 콘텐츠 판매 매출도 생겼지만, 디지털 스트리밍의 습격으로 존재감에 위협을 느끼고 있다. 뉴스도 VOD로 보는 시대에는 Z세대에게 맞는 차별화된 뉴스를 공급하거나 자체 플랫폼을 강화하지 않으면 생존하기 힘들다는 판단이다. 그러나 CNN은 그동안 브랜드의 힘만 믿고 구독 경제에 안일하게 대응했다.

스트리밍 시대에 대응하는 CNN

CNN은 본격적으로 구독 미디어 시대에 대한 대응에 나섰다. 스트리밍 서비스 오리지널 콘텐츠를 만들고 자체 디지털 플랫폼 빅 텐트를 구상하고 있다. 스트리밍 오리지널 콘텐츠는 모회사인 AT&T의 HBO맥스를 통해 서비스되고 있다. 2020년 9월 미국 대선 당시, CNN은 민주당 전당대회를 커버하던 여기자 10명을 주인공으로 한 기자 다큐멘터리 〈On The trail〉을 선보였다.

이 프로그램은 민주당 후보들의 경선 현장뿐만 아니라 기자들의 생생한 취재 현장, 기사 아이템 발전 과정, 그리고 기자들의 사생활까지 담겨 큰 인기를 끌었다. 방송은 유튜브 등이 아닌 스트리밍 서비스 HBO맥스로만 방송되었다. 제작은 CNN 필름과 HBO맥스가 맡았다. CNN 필름은 극장이나 스트리밍 서비스, 유튜브 등 다양한 플랫폼에 뉴스 다큐멘터리를 제작해 공급하는 일종의 내부 스튜디오다. 이후 CNN은 이슈가 있을 때마다 특집 보도나 탐사 프로그램(의회 난동 등)을 만들어 HBO맥스에 방송하고 독점 인터뷰 프로그램도 스트리밍 서비스를 통해 내보내고 있다.

이와 함께 자체 디지털 플랫폼도 구축한다. 이와 관련해 최근 의미 있는 움직임은 CNN이 전 세계 특파원들과 미국 내 기자들을 출연시켜 만드는 현장 리포트 〈Go There〉가 페이스북을 떠난 사건이다. 발표는 2021년 2월 초에 있었다.

당초 CNN의 〈Go there〉는 페이스북의 구독 비디오 서비스인 '페이스북 워치'에 서비스되고 있었지만, CNN은 계약을 종료하겠다고 밝혔다. 〈GO There〉는 페이스북 워치가 제작비를 지원해 만들어졌는데 페이스북을 통해 600여 개 에피소드가 방송된 바 있다. 계약 종료와 함께 CNN은 이제 〈Go There〉는 CNN 웹페이지와 모바일 애플리케이션 등 CNN 자체 디지털 플랫폼에만 서비스될 것이라고 설명했다. 자체 디지털 플랫폼을 강화하기 위해서다. 물론 CNN 페이스북 계정은 유지되지만, 이제 그 계정은 클립을 올리거나 페이지 링크를 올리는 등 자체 웹으로 유입시키는 창구로 활용한다.

CNN의 디지털 프로덕션 담당 부사장인 코트니 쿠페는 당시 인터뷰에서 "자체

플랫폼의 디지털 구독자 증대 및 광고 매출 확대를 위해 〈Go There〉를 페이스북에서 빼기로 했다. 페이스북 워치 계정을 계속 유지하겠지만, 자체 플랫폼을 키우는 용도에 한정할 것이다."라고 언급했다.

〈Go There〉는 휘발성 있는 숏폼 뉴스 콘텐츠로 페이스북 워치의 핵심이었다. 그러나 광고 매출을 페이스북이 장악하고 있어서 CNN의 고민이 많았다. 이에 앞서 CNN은 2년 전에도 〈Anderson Cooper Full Circle〉을 런칭했다가 자체 플랫폼으로 이동시킨 적이 있다.

2019년 페이스북 워치가 제작비를 부담하면서 만든 〈Go There〉는 10분 내외 길의 숏폼 뉴스 콘텐츠다. 전 세계 55개국, 120여 명의 특파원이 참여해 데일리 뉴스 현장 영상과 분석을 전한다. 환경, 인종, 여성, 이민 등 다양한 주제의 차별화된 뉴스를 원하는 타깃이 대상이었다. 그동안 페이스북과의 계약에 따라 〈Go There〉는 페이스북 워치에 방송된 지 24시간이 지난 이후에 CNN에 공개할 수 있었다.

쿠페는 "CNN은 우리 디지털 플랫폼 안에서 우리 오디언스에게 몰입감을 주는 콘텐츠를 원한다. 이를 통해 우리 구독자들이 뭘 원하는지 어떤 뉴스를 보고 싶은지 알 수 있을 것이다."라고 설명했다. 오리지널 뉴스를 통해 플랫폼 강화, 구독자 성향 파악, 광고 매출 확대 등 세 가지 긍정적 효과를 보겠다는 전략이다.

도달률보다는 열독과 참여가 중요

최근 CNN의 디지털 전략은 조금 바뀌고 있다. 자체 플랫폼을 구축하고 있다. 이 과정에서 도달률은 떨어질 수밖에 없는데 이보단 몰입이 중요하다는 이야기다. CNN 자체 분석에 따르면 페이스북 워치에 〈Go There〉를 공개했을 때 한 에피소드당 평균 20초 정도의 시청 시간을 보였는데, CNN에 공개된 뒤에는 평균 5분 이상의 시청 시간이 확보되었다. 도달(reach)이 낮은 대신 몰입(engagement)이 높아진 것이다.

그렇다고 해서 페이스북 워치 실험이 잘못된 선택은 아니다. 오히려 많은 구독자가 있는 페이스북과의 협업을 통해 시장에서 통하는 뉴스 콘텐츠 포맷을 찾을 수 있다. 페이스북도 이런 점을 인정하고 있다. 셸리 비너스(Shelley Venus) 페이스북 뉴스 전략 담당 이사는 CNN의 결정과 관련한 성명에서 "페이스북 워치의 뉴스 서비스는 CNN과 같은 파트너에 투자해 시청자에게 어떤 뉴스 콘텐츠가 소구력이 있는지 파악하고 있다. CNN은 모바일에서 성과를 내고 자체 플랫폼에서 이를 이어갈 수 있다는 점을 다시 한번 입증했다."라고 밝힌 바 있다.

〈Go There〉에서 가장 인기 있었던 뉴스는 2020년 1월 중국 우한에서 특파원 데이비드 쿨버가 진행한 리포트다. 코로나바이러스가 가장 극심했던 전염병 근원지의 분위기를 너무도 생생하게 표현했다. 이 숏폼 뉴스는 2021년 2월 기준, 2억 1,000만 뷰를 기록했다. 쿨버는 1년 뒤인 2021년 2월 초에도 해당 지역의 분위기를 후속 보도했다.

한편, 스트리밍 시대 들어 헤매고 있긴 하지만, 디지털 뉴스 도달률에서는 여러 지표에서 CNN이 1위다. CNN은 컴스코어 발표 자료를 근거해 2020년 1월부터 11월 사이 CNN 웹사이트의 글로벌 월간 순방문자가 2억1,800만 명을 넘어섰다고 밝혔다. 2위는 BBC(1억9,100만 명), 3위는 야후(1억5,500만 명), 4위는 뉴욕타임스(1억5,400만 명), 5위는 데일리 메일(1억4,300만 명), 6위는 폭스뉴스(1억2,500만 명)였다. 2020년에는 코로나바이러스 대유행, 미국 대선 등 관심을 보일 만한 뉴스 이벤트가 많았기 때문이다.

모바일 플랫폼도 2020년만큼은 상황이 괜찮았다. 2020년 평균 모바일 오디언스는 전년 대비 24% 늘었다. 2020년 1~11월 모바일 순 방문자는 1억4,200만 명으로 2위 뉴욕타임스 1억1,100만 명, 3위 폭스뉴스 9,300만 명을 앞섰다. 경쟁 회사인 NBC뉴스(8,700만 명), USA투데이(7,900만 명)는 1억 명을 넘지 못했다.

2021년 시청률은 하락

이런 디지털 플랫폼 방문자 숫자만을 볼 때 CNN의 수치는 건강한 것처럼 보인다. 그러나 미디어 시장, 특히, 방송 시장 주도권이 스트리밍 서비스로 급격하게 바뀌고 있다. CNN 뉴스사이트 순 방문자의 변심을 막을 강력한 유인책이나 프로그램이 없다면 추가 수익 확보도 어렵다.

그리고 앞서 살펴보았듯이 2021년 시청률은 이미 주저앉았다. 앞으로 광고 매출은 구글이나 페이스북과 같은 미디어 플랫폼 회사들에 더 많이 뺏길 것이다. 구독 모델로의 전환이 시급해 보인다. 뉴욕타임스는 방문자 숫자에서는 뒤지지만, 구독자가 750만 명이나 된다.

CNN은 현재 오리지널 디지털 뉴스 프로그램에 대한 개인 시청 데이터 등을 공개하지 않고 있다. 뉴스를 보기 위해 사이트를 방문하는 이들과 디지털 오리지널 뉴스 등을 직접 시청하는 오디언스는 다르다. 그동안 NBC나 CBS 등은 이런 스트리밍 시장 대응을 위해 다양한 포맷을 만들었지만, 아직 CNN의 움직임이 크게 드러나지 않고 있다. 그래서 최근 디지털 플랫폼 강화와 오리지널 콘텐츠 제작의 진정성에 관심이 더 많이 간다.

페이스북,
개방형 미디어 플랫폼 테스트 시작

페이스북이 조만간 시작할 '새로운 언론 미디어 플랫폼' 테스트에 나선다. 이 플랫폼은 뉴스레터, 기자 웹페이지 등 페이스북과 계약한 크리에이터들이 만들어 가는 일종의 개방형 뉴스 미디어다. 본격적인 시작에 앞서 페이스북은 소규모 독립 작가들과 파트너십을 맺고 실제로 일어날 가능성이 있는 일들과 문제점을 테스트한다. 이를 위해 페이스북은 기자, 작가 등 크리에이터들에게 제작비를 지원하고 자체 비용을 투입해 플랫폼 운영 테스트도 한다. 이 언론 미디어 플랫폼은 아직 공식적으로 이름이 정해지지 않았고, 향후 페이스북 페이지에 통합된다.

페이스북의 개방형 언론 미디어 플랫폼

지금까지 페이스북의 행보를 보면, 기성 언론과는 다른 방식의 개방형 콘텐츠 생산 플랫폼을 지향하는 것으로 보인다. 작가나 기자와 계약해 오리지널 콘텐츠를 생산하지만, 이들에게 자율성을 최대한 보장한다. 크리에이터들이 자신들의 콘텐츠를 텍스트나 비디오, 스토리 등 다양한 포맷으로 바꾸는 것도 허용한다. 동시에 이 플랫폼에 참여하는 작가가 자기 자신의 웹사이트나 뉴스레터를 수익화하는 것도 인정하기로 했다. 이와 관련하여 페이스북은 2021년 2월 서브스택(Substack) 형태의 뉴스레터를 조만간 시작한다고 밝힌 바 있다.

페이스북 저널리즘 지원 프로젝트

결과적으로 페이스북은 이 언론 미디어 플랫폼을 통해 크리에이터들이 오디언스 커뮤니티를 구축할 수 있게 하는 것이 목표다. 충성도와 몰입도를 기반으로 커뮤니티가 늘어나면 자연스럽게 그것이 페이스북에도 도움이 된다는 판단이다.

콘텐츠 성과에 대한 객관적 기준도 만든다. 페이스북은 플랫폼 내에서 작가들이 자신들의 작품을 위해 소모임이나 그룹을 만드는 것을 허용할 방침이며, 생산한 콘텐츠가 어떤 성과를 낼 수 있는지 확인할 수 있는 측정 지표도 만들 계획이다. 이 분석 결과는 다른 콘텐츠 생산에 반영된다.

페이스북은 4년 전부터 이 플랫폼을 준비해왔다. 특히, 초기 인큐베이터 프로그램, 제품, 각종 이벤트에 투자를 해왔는데, 지역 차원에서 뉴스 미디어들의 지속적인 수익 창출을 돕는 데 초점을 맞추고 있다. 어차피 페이스북은 이 플랫폼이 새로운 공론의 장이 되어 커뮤니티가 형성되면 목적을 달성하는 것이다. 소셜 미디어 서비스는 이용자들의 시간을 점유하고 싶어한다.

기성 언론사가 아닌 크리에이터 스토리 플랫폼 구축

또한 페이스북은 뉴스 집합 서비스 '뉴스탭(News Tab)'을 시작했다. 각 언론사 뉴스들을 모아 유료 구독하는 서비스다. 이제 독립 기자들이 페이스북 내에서 크리에이터로 생존할 방법을 찾기 위해 노력 중이다. 페이스북 등 기술 대기업들에는 코로나바이러스 대유행이 위기이자 기회다. 미국에서는 감염병 대유행으로 인해 많은 기자가 뉴스룸을 떠났다. 그리고 그들 자신의 뉴스레터와 웹사이트를 런칭

했다. 이제 기술 대기업들은 이런 독립 뉴스 생산자와 함께 비즈니스 대열에 합류하고 있다.

한편 트위터는 2021년 1월에 작가들과 언론사들을 위한 뉴스레터 서비스 리뷰(Revue)를 인수했다. 주력 상품으로 뉴스 레터 플랫폼을 통합해 밀기 시작했다. 최근에는 '슈퍼 팔로워(Super Follows)'라는 결제 기능을 도입해 더 많은 콘텐츠를 원하는 팔로워들로부터 추가 수익을 올릴 수 있게 했다. 말 그대로 유료 팔로워들을 위한 프리미엄 콘텐츠를 제공하는 것이다.

링크드인(LinkedIn)은 전문가들이 모여 있는 인터넷 웹사이트라는 점을 활용한다. 이 회사도 마찬가지로 크리에이터 프로그램을 런칭했다. 회사 내에 전직 기자 출신으로 이뤄진 편집 부문과 협업하여 일을 진행하고 있다.

우리의 선택

한국에서는 아직 뉴스 등을 이용한 비즈니스가 활발하지 않다. 그러나 콘텐츠 비즈니스가 광고 모델이 아닌 구독 모델로 전환되고, 미디어 플랫폼이 보다 직접화(스트리밍), 미세화(소셜 미디어)되는 상황에서 일정 수준의 수익화는 필수불가결한 요소다. 다만 방법이 문제다.

기존 플랫폼 사업자들이 뉴스 콘텐츠나 뉴스 관련 채널에 대한 대가 산정에 불투명한 부분은 수익화의 걸림돌이다. 플랫폼을 통한 뉴스 콘텐츠의 활성화는 제 값 받기부터 시작해야 하기 때문이다. 다만, 구독 모델이 빠르게 발전하고 있다는 점은 장점이다. 잘 만든 뉴스는 후원이나 유료 구독 가능성이 있다. 탐사 보도나 분석 뉴스는 언론사만의 고유 영역이 아니다. 대비가 필요하다.

3

소셜미디어와
IT 기업

AT&T, HBO맥스 활약으로
2021년 1분기 위기 탈출

AT&T가 2021년 1분기 이동 통신, 초고속 인터넷, 스트리밍 서비스 HBO맥스 등 3개 부문에서 골고루 성장했다. 미국 미디어 기업들이 코로나바이러스 팬데믹 상황에서 서서히 회복되고 있음을 보여주는 지표다. AT&T는 2021년 4월 22일에 1분기 실적을 발표했는데, 미국 HBO와 HBO맥스 가입자가 4,420만 명을 기록했다고 밝혔다. 이는 지난해 하반기 4,150만 명에서 270만 명이 늘어난 수치다. 같은 기간 넷플릭스가 398만 명의 가입자를 확보한 점을 고려하면 괜찮은 성적이다. 다만 이 가입자 숫자에는 모바일이나 온라인을 통해 HBO맥스에 가입한 고객과 기존 케이블TV 사업자를 통해 유료로 HBO 채널을 시청한 고객도 포함돼 있다. 이들 모두 월 15달러로 스트리밍 서비스를 무료로 이용할 수 있다.

AT&T의 핵심 비즈니스인 이동 통신 사업의 경우, 2021년 1분기 59만5,000명의 신규 가입자를 확보했다. 선불폰 가입자도 20만7,000명 늘었다. 이는 경쟁 사업자인 버라이즌(Verizon)이 최근 17만8,000명의 휴대 전화 가입자를 잃어버린 것과 대조된다.

AT&T 1분기 순이익 30억 달러가량 늘어
이런 실적에 힘입어 AT&T의 순이익은 75억5,000만 달러(주당 1.04달러)를 기록했다. 1년 전 같은 기간 46억1,000만 달러보다 30억 달러가량 증가한 실적이다. 1분기 전체 매출은 2.7% 증가한 439억 달러였다. 그러나 회사는 순 부채가 1,690억 달러로 증가했다고 밝혔다. 2년 전 타임워너를 인수 합병했을 때와 비슷한 수준이다. 최근 부채 급증은 FCC의 경매에 참여해 C밴드 주파수를 확보했기 때문이다. 5G 통신 서비스로의 업그레이드를 위한 핵심 주파수다. 5G의 경우 미국 통신사들의 주된 투자 대상이다. 5G 주파수의 절반가량을 확보한 버라이즌은 FCC 경매에 455억 달러를 쏟아부었다. AT&T가 라이선스 확보를 위해 쓴 비용은 234억 달러였다. 통신사들은 네트워크 장비 업그레이드와 LTE 고객들을 5G로 이전시키기 위해 앞으로도 수십억 달러를 투자해야 한다.

AT&T는 실적 발표에서 "부채 규모는 자산 매각과 매출성장으로 내년에는 떨어질 것"으로 전망했다. 회사는 또한 현 수준의 배당금을 지급하겠다고 확약했다. AT&T의 모바일 휴대 전화 부문은 고객 유치를 위해 대대적인 할인 프로모션에 나서면서 가입자가 증가했다. 이는 AT&T가 스트리밍 서비스 HBO맥스에 수십억 달러를 투자하는 데 필요한 자금을 모으는 데 일조했다. AT&T는 스트리밍 서비스 부문이 수익을 내기 위해서는 아직 시간이 더 필요하다는 판단이다. 그러나 HBO맥스도 이동 통신 묶음 상품으로 제공되기 때문에 가입자를 유지하는 데 도움이 되고 있다. AT&T의 소비자 인터넷 부문은 인터넷 가입자가 4만6,000명 증가했다. 초고속 광랜 가입자가 늘었기 때문이다.

미디어 부문, 하이브리드 개봉 전략 주효

AT&T의 미디어 부문 자회사 워너미디어(엔터테인먼트 부문)는 지난해 코로나바이러스 대유행 이후 본격적인 성장세에 돌입했다. 워너미디어의 1분기 매출은 전년 대비 9.8% 오른 85억3,000만 달러를 달성했다. 지난해 1분기 실적은 78억 달러였다. HBO맥스의 매출이 성장하고 미국 대학 농구가 재개되는 등 TV 사업 부문의 회복 덕분이다. 워너미디어의 영업이익은 20억 달러로 지난해 대비 0.8% 늘었다. 그러나 영업이익률은 1년 전 25.7%에서 23%로 소폭 하락했다. HBO맥스의 오리지널 작품 투자 때문이다.

스트리밍 사업 부문 실적은 좋았다. 전년 대비 매출이 35%나 늘어 18억 달러를 기록했다. HBO맥스의 글로벌 가입자도 6,400만 명(미국 4,420만 명)으로 증가했다. DTC 부문 투자 비용은 2021년 1분기 17억 달러(콘텐츠 9억9,800만 달러)로 전년 동기 9억1,100만 달러에 비해 크게 늘었다.

스트리밍 서비스 실적 호조는 워너미디어의 '극장과 스트리밍 서비스 동시 개봉' 전략 덕분인 것으로 풀이된다. 워너브러더스는 코로나바이러스 대유행 상황을 반영해 2021년 개봉하는 모든 영화 17편을 HBO맥스에 같은 날부터 31일간 공개하겠다고 공언한 바 있다. 1분기의 경우 〈원더우먼 1984〉〈톰과 제리〉〈잭 스나이더의 저스티스리그〉 등의 영화가 동시 개봉했다. 〈고질라 vs 콩〉이 글로벌 시장에서 4억 달러 이상을 벌어들였지만, 3월 말 개봉이어서 이번 실적에는 포함되지 않았다. 존 스탠키 AT&T 회장은 "가입자 증가 수치를 매번 밝히지는 않겠지만, 한 계좌당 평균 2시간을 이용하는 등 HBO맥스를 이용하는 요인이 충분하다."라고 언급했다.

하지만 넷플릭스와 아마존, 디즈니+가 가입자 2억 명과 1억 명을 넘긴 상황에서 HBO맥스가 유효 경쟁 구독자 확보에는 실패했다는 우려도 있다. 다만 1인당 객단가(ARPU)가 11.72달러(전년 대비 0.2% 하락)로 디즈니의 4.03달러(2020년 말 기준)의 3배 수준이라는 점은 위안이다. 20일 발표한 넷플릭스의 ARPU는 14.2달러(북미지역)였다.

한편, AT&T의 유료 방송 부문(위성방송+IPTV)은 고전했다. 디렉TV 가입자 62만 명 감소를 포함해 1,590만 명으로 분기를 마감했다. 전년 대비 270만 명이 줄었다. 방송을 중단하고 스트리밍 서비스로 넘어가는 '코드 커팅'이 가속화됐기 때문이다. 스포츠 중계권료 인상으로 가격도 계속 높아지고 있는데 이 요인도 고객 이탈을 이끌었다. 지난 2015년 490억 달러에 인수한 디렉TV는 지금까지 계속 AT&T의 아킬레스건이 되고 있다. 이에 AT&T는 HBO맥스에 더 많은 기대를 하고 있다. AT&T는 2021년 2월 사모 투자 펀드 TPG와 함께 유료 방송 부문을 별도 사업부로 분사하는 데 합의했다. TPG는 분사 법인에 18억 달러를 투자해 30%의 지분을 가진다. 나머지 70%는 AT&T가 보유하는데, 이사회도 별도 운영하기로 했다. 향후 유료 방송 부문을 매각하는 수순으로 보인다.

FCC, 외국 정부의 프로파간다 제한

미국에서는 외국 TV 채널이나 프로그램을 쉽게 볼 수 있다. 유니비전(Univision)이나 텔레문도(Telemundo) 같은 스페인어 방송은 일반화되어 있고, 한국 방송사들도 유료 방송이나 디지털 지상파 방송(MMS), 위성 방송 채널을 빌려 서비스 중이다. 다문화 다국적 사회인 만큼 문화와 사용 언어도 다양해 '시장'은 충분하다.

그러나 수년 전부터 해외 정부가 운영하는 방송 채널이 미국 지상파 방송에 진출하는 사례가 늘고 있다. 미국 디지털 지상파 방송은 하나의 채널(5번)을 쪼개여러 채널(5-1, 5-2)을 송출하는 방식이 가능하기에 일반 PP들도 지상파를 통해방송을 할 수 있다. 현재 중국의 CGTN(과거 CCTV-9)이 미국 지상파 방송 권역에송출되는 대표 해외 방송이다.

그래서 미국 정치권이나 방송계에서 이를 우려하는 목소리가 높다. 특히, 미국인들의 자산인 지상파 방송을 이용해 미국과 적대적인 국가의 프로파간다를 설파하는 경우도 있기 때문이다. 정치적인 입장을 보도하는 미디어의 경우, 미 법무부에 해외 요원 등록(Foreign Agents Registration Act, FARA)을 해야 한다. 등록 이후에는 매년 예산과 출처, 그리고 언론사의 소유주를 미국 정부에 제출해야 한다.

지금까지 FARA 등록 후 방송에는 문제가 없었다. 이에 미국 정부가 나섰다. 앞으로 미국에서 해외 정부 기관이 후원한 프로그램을 지상파에서 방송하거나 채널을 임대할 경우, 이를 시청자들에게 명확히 알려야 한다. 중동이나 중국 등 해당 국가를 옹호하거나 홍보하는 수단으로 지상파를 이용하는 경우가 많다는 이유 때문이다. 그러나 일부 방송사들은 지상파 방송에만 부여되는 과도한 규제라고 반발하고 있다. FCC는 4월 22일 전체 회의를 열고 외국 정부나 정치 단체에대해 방송 규제를 강화하는 안건을 통과시켰다. 해당 방송 시 해당 내용을 시청자들에게 정확히 고지하는 내용이다.

이 규제는 2021년 4월 22일 FCC에서 '해외 정부 지원 프로그램 투명성 강화'라는 안건으로 회의에 올려졌다. 주된 내용은 외국 정부나 대리 단체가 운영하거나 제작비를 제공하는 방송 프로그램(TV나 라디오)에 대한 정보 공개를 의무화하는 것이다. 이제 미국 방송사들은 해외 정부나 정당, 해외 언론사 등을 대리하는단체가 지원하는 프로그램이 방송될 때 시청자들에게 이를 알려야 한다. 안건은 만장일치(4:0)로 통과됐다. FCC의 외국인 공개 규정(foreign disclosure rules)은 지난 1963년 이후 처음으로 개정됐다.

한편, 한국의 지상파 방송에 해외 방송 채널이 진출하는 것은 현재 불가능하다. 미국처럼 디지털 다채널 방송(MMS)이 상업 방송에 허용되지 않고 있고, 외국인이 지상파 방송에 지배력을 행사하는 것도 사실상 불가능에 가깝기 때문이다. 그렇다고 한국의 방송 기반이 미국보다 안전하다는 뜻은 아니다. 인터넷 영역에서 이런 프로파간다 채널 진출은 무방비다.

애플과 스포티파이,
유료 팟캐스트 시장 두고 한판 대결

팟캐스트 시장을 둘러싼 애플의 전략이 공개됐다. 2021년 4월 20일, 애플이 구독 모델을 앞세운 팟캐스트 서비스를 내놨다. 이전부터 실리콘밸리 등에서 소문만 무성했던 서비스다.

애플의 새로운 구독 서비스는 개방형 유료 팟캐스트 플랫폼이다. 팟캐스트 크리에이터들이 애플 플랫폼 안에서 구독자들에게 월간으로 과금할 수 있게 한 것이 골자다. 광고를 듣지 않거나 독점 콘텐츠(우선 접근) 등을 제공하는 조건이다. 애플은 팟캐스트에 서비스 첫해에는 30%의 수수료를 징수하고, 2년째부터는 15%로 낮춘다. 여기에 애플은 팟캐스트 호스트들에게 결제 시스템 등 팟캐스트 소프트웨어 툴킷을 제공하는데, 이에 대한 비용으로 연간 20달러를 징수한다.

팟캐스트 크리에이터들에게 희소식은 애플 팟캐스트에 독점 공급할 필요가 없다는 점이다. 그러나 다른 플랫폼에서 무료로 공급되는 콘텐츠는 애플 팟캐스트에서 유료로 서비스할 수 없다.

애플 팟캐스트, 170여 개국에 서비스

애플 팟캐스트는 일단 글로벌 170개국에 서비스된다. 현재 애플 TV+가 공급되는 곳은 거의 다 제공될 것으로 보인다. TV+와의 묶음 상품(번들 상품)도 기대된다.

팟캐스트를 위해 애플은 여러 미디어와 서비스 파트너 계약을 맺었다. 소니뮤직, LA타임스, NPR, 애슬레틱, 워싱턴포스트 등이 대표적이다. 가격은 월 0.99~5.99 달러다. NPR의 CEO 존 랜싱(John Lansing)은 "애플 팟캐스트 구독은 NPR 팟캐스트를 좋아하는 청취자들에게 새로운 기회를 줄 것"이라고 말했다.

그러나 문제는 정작 팟캐스터들이 구독자 정보를 알 수 없다는 점이다. 구독이 애플 팟캐스트를 통해 이뤄지기 때문에 팟캐스트 운영자들은 그들의 이메일이나 이름, 연락처 정보 등 개인정보를 알 수 없다. 결국, 애플 팟캐스트 생태계에 종속되는 셈이다.

애플 팟캐스트는 큐레이션(Curation) 기능도 있다. 이용자가 자신이 좋아하는 크리에이터를 통해 자신이 좋아하는 새로운 콘텐츠를 찾는 데 도움을 받을 수 있다. 따라서 범죄, 스포츠, 문학, 미술 등 선호도가 뚜렷한 장르의 팟캐스트 크리에이터들은 애플 팟캐스트에서 새로운 유료화 기회를 찾을 수 있을 전망이다.

유료 팟캐스트 시장, 스포티파이와의 치열한 경쟁 예상

애플의 가세로 오디오 플랫폼 시장 경쟁이 더욱 치열해질 것으로 보인다. 스포티파이 등 기존 오디오 스트리밍 서비스 경쟁뿐만 아니라 소셜 미디어 서비스들도 잇따라 오디오 콘텐츠 시장에 뛰어들었다. 클럽하우스에 이어 최근 페이스북도 '비디오 룸(live Audio Room)'이나 '사운드 바이트(Sound Bite)' 등을 내놓고 소셜 오디오 서비스와 숏폼 오디오 시장 진출을 선언했다.

특히, 스포티파이와 애플 팟캐스트의 주도권 싸움은 흥미진진할 것으로 보인다. 애플은 수년간 팟캐스트 시장을 장악해왔다. 아이폰에 팟캐스트가 미리 탑재돼 있었기 때문이다. 그러나 지난 2019년 세계 최대 음악 스트리밍 서비스 스포티파이가 시장에 진입한 이후 상황이 바뀌었다. 스포티파이에만 서비스되는 독점 오디오 팟캐스트가 늘고, 팟캐스트 스튜디오도 잇달아 인수해 애플의 시장 점유율을 계속 잠식했다. 스포티파이는 지난해에만 80여 개의 오리지널 팟캐스트를 서비스하고 김렛미디어(Gimlet Media), 스포츠 전문 팟캐스트 링어(The Ringer)를 인수했다. 2019년에만 팟캐스트 인수 비용으로 5억 달러를 투입했다.

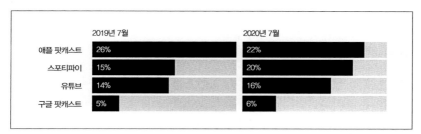

또 2021년 3월에도 라이브 오디오 스트리밍 애플리케이션인 베티랩(Betty Labs)을 사들였다. e마케터에 따르면 이런 노력으로 2021년 3월 미국에서 스포티파이를 통해 팟캐스트를 듣는 청취자 수가 2,820만 명으로 애플(2,800만 명)을 앞섰다. 애플 팟캐스트는 여전히 중요한 자리를 차지하고 있지만, 점유율은 점점 떨어지고 있다. 지난 2018년 34%에서 2021년 24%까지 감소했다.

현재 스포티파이는 크리에이터를 앞세운 유료 팟캐스트 점유율을 점차 높이고 있다. 스포티파이는 2019년 45만 개의 팟캐스트에서 현재 220만 개의 팟캐스트를 서비스하고 있다. 따라서 독점 콘텐츠 제공에 대한 욕구도 많다. 장기적으로는 크리에이터 독점 콘텐츠를 두고 애플 등과 다툴 것으로 보인다. 유료 팟캐스트 시장의 경우, 아직은 초기지만 성장 가능성이 충분하다.

애플이 지금은 크리에이터가 다른 팟캐스트 플랫폼에 콘텐츠를 서비스하는 것을 허용하지만, 이 정책도 언제 바뀔지 모른다. 비디오 스트리밍 서비스 시장처럼 사업자들이 각자만의 단독 오디오 플랫폼을 구축하는 것도 충분히 상상할 수 있는 시나리오다.

크리에이터 경제에도 애플 진출

개방형 크리에이터 비즈니스는 애플에게 익숙하지 않은 포맷이다. 그동안 애플은 TV나 책 등 오리지널 콘텐츠를 앞세운 구독 서비스를 런칭해왔다. 그러나 이번 개방형 팟캐스트 플랫폼은 크리에이터 생태계를 조성하는 이른바 '팬과 인플루언서'를 이어주는 비즈니스다. 그 과정에서 애플은 중계 수수료와 청취자들의 시간을 장악하는 중심 역할을 한다. 별다른 투자 비용이 없는 만큼, 애플로서도 나쁘지 않은 사업 모델이다.

애플로서는 최대한 많은 청취자를 애플 팟캐스트 플랫폼에 모으는 것이 최종 목표가 될 것으로 보인다. 결국 창작자와 팬들을 이어주는 '크리에이터 비즈니스'를 만드는 것이다. 이에 크리에이터들을 구독하는 이른바 크리에이터 경제에도 영향을 줄 것으로 전망된다. 자신이 좋아하는 인플루언서나 크리에이터를 후원하거나 구독하는 서비스 플랫폼인 패트리온(Patreon)은 당장 애플과 경쟁 상황이 벌어질 수도 있다. 현재 패트리온은 구독 수입의 5~12%를 수수료로 받는다. 물론 크리에이터는 두 플랫폼 모두를 사용할 수 있다.

Z세대의 엔터테인먼트 소비,
영화와 TV가 1순위 아니다

1997년에서 2007년생을 지칭하는 Z세대. 즐기는 콘텐츠나 그것을 소화하는 방법도 기성세대와 다른 것으로 나타났다. 최근 발표된 딜로이트 2021 디지털 미디어 트렌드 조사(Digital media trends, 15th edition)에 따르면 Z세대는 기성세대와 확실히 다른 선호도를 보였다.

딜로이트에 따르면 통상적으로 14세~24세 연령에 속하는 미국 Z세대 소비자들은 전체 엔터테인먼트 소비 활동에서 비디오 게임(Video Game)이 1위였다. TV를 보거나 집에서 영화를 보는 것은 5위권이었다. Z세대의 26%는 비디오 게임을 여가 생활(entertainment activity)에서 가장 많이 즐긴다고 답했다. 뒤를 이어 음악을 듣고(14%) 인터넷을 검색(12%)했다. 소셜 미디어는 그다음인 11%였다. Z세대 87%는 비디오 게임을 매일 혹은 매주 플레이한다고 응답했다. 밀레니얼 세대도 83%가 게임을 정기적으로 즐긴다고 답해 나이가 어릴 수록 게임에 더 친숙하다는 분석이 나온다.

Z세대 중 겨우 10%만이 엔터테인먼트 시간에 영화를 보거나 TV를 시청한다고 답했다. 영상 시청이 집에서 즐기는 최고의 오락인 이전 세대와는 확연한 차이를 보이는 답변이다. 수동적인 반응보다는 능동적인 행동을 하는 세대의 특징을 보여주는 사례이기도 하다. 영화나 TV 시청은 Z세대를 제외한 모든 세대에서 1위 오락거리였다. 밀레니얼(18%), X세대(29%), 베이비 붐 세대(39%) 등에서는 영

상을 보며 시간을 보내는 경향이 매우 컸다.

젊은 세대의 TV 시청 감소는 이미 확인된 사실이다. 그러나 할리우드 스튜디오들이 걱정하는 점은 소비자들의 엔터테인먼트 소비 습관이 영구적이고 구조적으로 변하고 있다는 결과라고 딜로이트는 분석했다. 딜로이트는 "가장 젊은 세대(Z세대)는 TV와 영화에 앞서 비디오 게임, 음악 그리고 다른 포맷의 놀 거리를 찾고 있다. 전통적인 미디어 회사들은 이제 콘텐츠가 아닌 다양한 영역의 엔터테인먼트를 제공해야 할 것이다."라고 언급했다. 단지 콘텐츠의 스토리뿐만 아니라 메타버스(Metaverse) 등의 방식으로 시청 경험을 확장해야 젊은 세대에서 승산이 있다는 이야기다.

특히 비디오 게임은 코로나바이러스 팬데믹 이후 이용량이 급증했다. 닐슨 비디오 게임 트래킹(VGT)이 지난해 6월 조사한 결과에 따르면, 코로나바이러스 팬데믹 때문에 게임 이용이 증가했다는 답변이 미국 46%, 프랑스 41%, 영국 28%, 독일 23%였다. 특히, Z세대와 밀레니얼, X세대 등 모든 세대가 코로나바이러스 팬데믹 상황에서 비디오 게임에 더 많이 의존했던 것으로 조사됐다. 응답자 중 46%가 비디오 게임 때문에 다른 여가를 줄였다고 답했다.

Z세대의 엔터테인먼트 소비 변화는 미래 비즈니스에 큰 의미가 있다. 비디오 게임과 소셜 미디어 서비스가 향후 소비자들의 행동을 지배할 가능성이 있기 때문이다. 이에 대해 딜로이트는 "밀레니얼 세대만 해도 나이가 들수록 선배 세대들과 같은 미디어 소비 형태를 보일 것으로 분석했었다. 그러나 Z세대는 아직까지 밀레니얼처럼 변할 조짐이 없다."라고 언급했다. Z세대가 향후 미디어 산업 지형을 바꿀 수도 있다고 분석했다.

페이스북,
오디오 시장으로 진격하다

소셜 미디어 서비스 페이스북이 오디오 플랫폼 강화에 나선다. 클럽하우스가 장악하고 있는 소셜 오디오 서비스를 내놓고 팟캐스트 기능도 확대한다.

페이스북은 2021년 4월 19일, 사용자들의 실시간 음성 대화를 할 수 있는 '버추얼 룸(Virtual Room)', 숏폼 형태의 개인 취향 오디오 클립을 만들거나 들을 수 있는 '사운드 바이트(Sound Bite)' 등 여러 종류의 오디오 기반 기능을 선보였다. 이와 함께 애플처럼 메인 앱에서 사용자가 직접 팟캐스트를 내려받아 들을 수 있도록 하는 팟캐스트 기능도 추가했다.

페이스북 앱 부문 대표 피지 시모(Fidji Simo)는 발표 현장에서 "코로나바이러스 팬데믹 상황에서 음성 통화와 페이스북 메신저, 왓츠앱의 음성 메시지 증가 등 오디오 체험이 매우 증가한 경향을 파악했다. 이에 관련 신제품 개발에 박차를 가했다."라고 설명했다. 오디오 서비스 출시는 이르면 오는 여름이다.

실제 지난해 3월 이후 집에 있는 시간이 늘면서 오디오 시장은 급속히 커졌다. 팟캐스트나 실시간 라디오 청취가 늘었고, 소셜 오디오 서비스 클럽하우스는 폭발적으로 성장했다. 클럽하우스는 최근 펀딩 라운드에서 40억 달러의 기업 가치를 평가받았다.

한때 클럽하우스에 인수 제안을 했던 트위터 또한 오디오 시장에 공격적으로 진출하고 있다. 클럽하우스의 경쟁 서비스인 트위터 스페이스를 런칭하고 페이스북의 사운드 바이트와 유사한 기능인 '보이스 트윗(Voice tweet)'도 지난해 여름 선보였다.

페이스북은 이들 음성 서비스와의 차별화에 신경 쓰고 있다. 클럽하우스와 트위터의 경우, 대화가 끝난 뒤 오디오룸이 곧바로 사라진다. 그러나 페이스북은 사용자들이 대화방을 저장하고 팟캐스트에 내려받을 수 있도록 할 계획이다. 또 페이스북의 AI 기술을 이용해, 실시간 대화 중 사운드 바이트로 공유할 수 있는 대화 추천 기능도 포함할 예정이다.

페이스북은 콘텐츠 제작자들이 그들의 팬들로부터 수익을 올릴 수 있도록 오디오 룸을 통해 후원하는 기능도 추가할 계획이다. 과거 라이브 비디오에도 적용됐던 기능이다. 관건은 미국 정부 기관의 대응이다. 미국 의회는 페이스북이 경쟁자들을 카피했다고 비난하고 있고, 페이스북은 주 정부와 연방 정부 감독 당국의 반독점 조사를 받고 있다.

한편, 코로나바이러스 팬데믹 이후 오디오 시장은 급격히 성장하고 있다. 에디슨 리서치에 따르면 미국에서 매달 팟캐스트를 정기적으로 듣는 사람들의 비율이 2019년 32%, 2020년 39%, 2021년에는 41%까지 성장할 것으로 보인다.

TV 방송사들,
닐슨 시청률 조사에 불만 폭발

방송 시장이 스트리밍 서비스로 이동하고 있지만, TV 방송사에게는 아직 실시간 시청률이 중요하다. 2020년 미국 방송 시장에 불어 닥친 코로나바이러스 대유행으로 인해 방송사들과 시청률 조사 기관 닐슨(Nielsen)이 한 판 붙었다.

미국 지상파 방송 사업자들은 최근 닐슨이 코로나바이러스 대유행 기간 TV 방송 시청률을 제대로 측정하지 않았다며 큰 불만을 터트렸다. 미국 지상파 및 케이블TV 방송사 단체인 VAB의 CEO인 숀 커닝햄(Sean Cunningham)은 성명을 내고 "코로나바이러스 대유행 기간 닐슨의 시청률 측정이 제대로 이루어지지 않았다. 많은 오디언스가 누락되어 TV의 가치가 폄훼되었다."라고 주장했다. 그는 또 "방송사들은 2020년 여름부터 지속적으로 닐슨의 시청률 측정 방식에 문제를 제기했다. 이 방식은 정말 피해야 했다."라고 덧붙였다.

이번 이슈는 코로나바이러스 대유행 당시, 닐슨의 TV 시청률 측정이 정상적이지 않았다는 데 있다. 닐슨도 이 부분은 인정하고 있다. TV 방송사들은 이 때문에 "2020년 코로나바이러스 대유행 당시 많은 TV프로그램과 일일 라이브 프로그램들이 10%가량 시청자가 덜 측정되었다. 이는 스트리밍 서비스도 마찬가지다."라고 주장했다. 코로나바이러스로 가정 방문이 어렵고 많은 이들이 집을 비운 상태여서 모집단 측정이 제대로 되지 않았다는 것이다. 닐슨은 이에 대한 대안으로 기술을 이용해 원격으로 측정했지만, 여기에 기술적 오류가 있었다고 TV 방송사들은 주장했다. 심지어 모집단 중 일부는 코로나바이러스로 인해 사망했지만, 탐지가 안 되었다는 주장이다.

한 TV 방송사 임원은 버라이어티와의 인터뷰에서 "이 같은 생각의 차이로 내부적으로는 매우 격앙된 상태"라고 지적했다. 이와 관련 VAB는 닐슨에 공개서한을 보내고 2020년 시청률 측정에 대해 실수와 잘못을 점검해야 한다고 요구했다. 그러나 닐슨은 측정에 문제가 없다며 이들의 요구를 공식적으로 거부한 상태다.

닐슨 시청률 조사, TV 광고 판매에 절대적 영향

사실 이 이슈는 2021년 가을 미국 업계의 연례 광고 판매 행사를 준비하면서 불거졌다. 미국은 통상적으로 가을에 새로운 드라마 시즌이 시작되는데 봄에 이들 드라마의 광고 등을 판매하는 행사를 시작한다. 이 행사에서 닐슨 시청률의 영향력은 아직 절대적이다. 광고를 결정하는 주요 요인으로 많은 광고주가 전년도 오디언스 확보 실적(시청률)을 바탕으로 가격을 세운다.

버라이어티에 따르면 미국 상위 5대 방송사(NBC, ABC, CBS, FOX, CW)들의 광고 청약 물량이 2020년 가을 최소 9.3~14.6% 감소한 것으로 조사되었다. 이는 2015년 연례 광고를 측정한 이후 첫 감소다. 이 방송사들은 2020~2021년 프라임 타임 광고로 82억~98억 달러의 청약을 받았다. 2019년~20년 96억~108억 달러에 비하면 크게 줄었다. 광고 감소는 단연 시청률 감소 영향이다.

이에 대해 닐슨은 "2020년에는 코로나바이러스 대유행으로 인해 많은 기준이 바뀌었다. 2021년 3월 초부터는 지방 정부의 프로토콜에 따라 다시 가정 내 방문을 시작했고 가능한 빠른 시기에 정상으로 돌아갈 것이다."라고 언급했다.

사실 닐슨과 TV 방송사 간 충돌이 처음은 아니다. 2020년 7월 닐슨은 가을 옥외 시청 측정(Out of Home)을 합의하고 나서 갑자기 원칙을 바꿨다. 집이 아닌 회사나 술집, 호텔 등에서 TV를 보는 오디언스를 실시간 시청률에 포함하는 방식이다. 닐슨은 코로나바이러스 대유행 영향으로 공용 공간 측정이 쉽지 않아 적용을 잠시 미룬다고 했지만, TV 방송사들은 이미 광고주들에게 관련 내용을 홍보하고 광고를 판매한 상태였다.

한편, 일부에서는 2020년 시청률 하락이 드라마 등 주요 작품 제작 지연, 스포츠 경기 중단, 코로나바이러스 대유행으로 인한 비정상적 제작 등의 영향이라고 지적한다. 스트리밍 서비스로의 시청 이동도 TV 오디언스 감소에 영향을 끼쳤다는 입장이다. 일단 2021년 TV 광고 판매 예상은 긍정적이다. 백신 공급 확대로 본격적인 경기 회복이 예상되기 때문이다. 광고 회사 마그나에 따르면 2021년 미국 내 광고 판매가 2,400억 달러로 전년 대비 6.4% 인상될 것으로 전망했다. 이 가운데 TV 광고도 3.4% 상승이 예상된다.

코로나바이러스 이후를 준비하는
라이브 이코노미

미국은 라이브 이코노미(live economy)가 매우 크다. 브로드웨이 공연, 콘서트, 음악 페스티벌, 극장 등 종류도 다양하다. 이들 라이브 이코노미는 코로나바이러스 대유행 때문에 상당한 타격을 입었다. 미국 전역에 전시 공연 공간들이 1년 가까이 문을 닫으면서 수익을 일으키지 못했다. 그러나 최근 백신 접종이 늘어나고 각 주에서 재오픈 정책을 펼치면서 라이브 이코노미 회복에 관심이 쏠리고 있다.

코로나바이러스 대유행 이전, 라이브 업종의 실업률은 4.7% 수준이었다. 그러나 지금 14.5%에 달한다. 1년 전 최고치인 47%보다는 나아졌지만, 여전히 심각하다. 라이브 이코노미 경제의 중심에 자리한 공연 기획사 라이브네이션은 2020

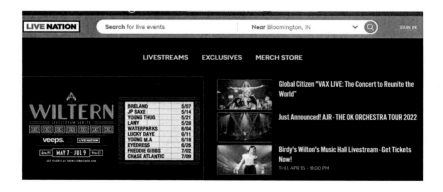

년 16억 달러의 손실을 봤다. 2019년에는 3억4,200만 달러 흑자였다. 그 때문에 극장이나 영화관, 박물관, 기타 예술 공연장 등에 대한 소상공인 지원 프로그램이 만들어졌다. 공연 예술 분야에서는 처음 있는 일이다.

캘리포니아의 경우 2021년 4월 12일부터 콘서트홀이나 극장 영업을 허용했다. 백신을 접종했거나 음성 테스트 결과를 들고 온 관객을 대상으로 수용 인원의 50%를 허용한다. 텍사스는 라이브 행사를 100% 허용한다. 이런 분위기 속에 많은 라이브 이벤트들이 복귀를 앞두고 있다. 최근 뉴욕에서 열리는 써머 스테이지 뮤직 페스티벌(Summer Stage music festival)이 2021년 행사를 개최하겠다고 밝혔다. 2021년 5월 라스베이거스에 개최되는 일렉트릭 데이지 카니발(Electric Daisy Carnival)도 예정대로 오프라인 행사를 하겠다며 조만간 안전 수칙 등을 공지하겠다고 설명했다.

그러나 일부 라이브 업종들은 아직은 조심스럽다. 미국 각 주의 관객 허용률은 기대에 미치지 못한다. 영화 상영과 달리, 공연이나 콘서트는 관객 수와 관계없이 제작비가 동일하게 투입된다. 관객 허용률이 더 높아져야 하는 이유다. 리서치 회사인 후버 리서치 파트너스(Huber Research Partners)의 라이브네이션 담당 애널리스트 더그 오서(Doug Arthur)는 악시오스와의 인터뷰에서 "솔직히 공연 판매가 70% 이하일 경우, 쇼는 손해를 본다."라고 언급했다.

공연 기획사들은 고민에 빠졌다. '지금 열 것인가 기다릴 것인가?' 캘리포니아 사막에서 열리는 코첼라 아트 & 뮤직 페스티벌(The Coachella art and music festival)은 2022년까지 행사를 재개할 생각이 없다고 밝혔다.

특히, 제작비용이 많이 드는 뉴욕 브로드웨이가 문제다. 제한된 관객으로는 수지를 맞출 수 없기 때문이다. 스포츠 경기의 경우, 관객 허용률이 제한되어도 TV 중계권료 등으로 일정 수준 보전할 수 있지만, 라이브 이벤트는 그러기가 쉽지 않다. 그런 이유로 라이브 이코노미가 회복 속도를 높이기는 쉽지 않을 전망이다. 전문가들은 백신 접종률이 더 올라가서 관객 허용률이 70% 이상까지 올라가는 2021년 3분기 이후를 본격적인 라이브 경제 회복기로 보고 있다.

미스터비스트,
크리에이터 멘토 비즈니스 시작

유튜브 메가 인플루언서 '미스터비스트(MrBeast)'로 활동 중인 지미 도날드슨 (Jimmy Donaldson)이 유튜브 채널에 대한 가치평가와 투자 등 유튜브 크리에이터를 위한 금융 서비스에 초점을 맞춘 '크리에이티브 주스(Creative Juice)'라는 새로운 플랫폼 회사를 공동 창업주들과 설립했다. 크리에이티브 주스는 유튜브 채널의 지분을 평가해 매입하고, 크리에이터를 멘토링으로 지원하는 일종의 '크리에이터 투자 플랫폼'이다.

미래 수익에 대한 투자 기회 제공

유튜브 크리에이터들의 영향력이 커지면서 관련 경제도 커지고 있다. 경제 잡지 포브스에 따르면 틱톡 상위 7인의 인플루언서들은 2019년 한 해에만 100만 달러 이상을 벌어들였다. 특히, Z세대 인플루언서들이 급부상하면서 미국에서는 이들이 올리는 포스트의 평균 협찬 가격이 한 건 당 520달러, 우리 돈으로 60만 원 넘는 수준까지 높아졌다.

크리에이티브 주스는 이런 트렌드에 주목한다. 그래서 투자자들에게 크리에이터의 다양한 수익 모델(협찬, 광고, 프로모션, 공동 제품 개발)에 대한 미래 수익을 확보할 기회를 제공하고 자금이 필요한 크리에이터들에게는 콘텐츠 제작비와 운영

비를 지원하는 것이 목표다.

먼저 도날드슨은 유튜브 채널 투자를 위해 200만 달러 규모의 펀드를 조성할 계획이다. 이 투자금은 도날드슨 개인에게서 나오는 것이 아니라, 크리에이티브 주스 투자자들로부터 직접 받는다. 운영은 도날드슨과 다른 공동 창업자들이 함께한다. 도날드슨은 특히 크리에이티브 주스가 투자하는 유튜브 채널의 상태 평가와 운영 멘토링에 주력한다. 이들은 크리에이티브 주스를 '창작자들을 위한 광장(Square for creators)'으로 키울 계획이며, 중소 크리에이터들이 괜찮은 수준의 콘텐츠를 안정적으로 생산할 수 있도록 다양한 수익 모델도 만들 예정이다.

최근 인플루언서 투자, 특히 개인에 대한 지분 기반 투자 모델(Equity-based investment model)이 탄력을 받고 있다. 쉽게 말해 일정 금액 투자로 채널 운영이나 개인 회사의 지분을 인수하는 것이다. 특히, 교육 장르에서 수익 분배 계약을 목표로 하는 다양한 기업들이 등장했다.

예를 들어 판도 풀링(Pando Pooling) 같은 기업은 어린 야구선수와 MBA 대학원생들에게 투자하고 향후 수익의 일부를 나누는 소득 풀링 상품(income-pooling)을 내놓고 있다. 이는 이미 금융 상품으로 받아들여지고 있다. 일종의 후원 모델에 가까운데, 사람의 미래 수익에 투자하는 형태다. 또 최근 리버만스

(Libermans) 같은 회사의 노력이 탄력을 받기 시작했다. 리버만스는 최대 30년을 자금 회수 주기로 하여 유튜버나 작은 기업들이 투자자로부터 소액 자본을 조달하는 것을 도와왔다.

미스터비스트의 지미 도널드슨은 유튜브에서 활동하는 규모가 가장 큰 크리에이터 중 한 명이다. 2021년 3월 말 현재 5,700만 명의 구독자를 보유하고 있다. 1998년생인 그는 사람들이 상상만 하는 극한 도전을 실제 화면에 구현해 짧은 시간에 구독자를 끌어모았다. 도널드슨은 수행하는 데만 10시간이 넘게 걸리는 극한 도전으로 유튜브를 시작했다. 사전에 있는 단어 모두 읽기, '1부터 10만까지 숫자 세기(40시간이 넘게 걸렸다)' 등이다.

이후 그의 스케일은 점점 더 커졌다. 24시간을 감옥에서 보내기도 하고, 2,000 갤런의 시리얼 욕조 만들기도 하고, 친구 집 뒷마당에 1억 개가 넘는 오르비즈를 풀어놓고 놀기도 했다. 2018년 11월에 올린 오르비즈 영상은 2년 만에 1억 뷰를 넘겼고 현재도 가장 인기 있는 비디오다. 가게에 있는 모든 제품을 사고, 세상에서 가장 매운 고추라는 고스트 페퍼를 먹는 사람에게 1만 달러를 주는 영상도 화제였다.

그의 가장 큰 특징은 수익 중 상당 부분을 콘텐츠 제작에 투자한다는 것이다. 최근 도널드슨이 제작하는 비디오의 평균 제작비는 10~30만 달러다. 한국의 웬만한 TV 스튜디오 예능 프로그램과 맞먹는다. 그가 제작한 비디오 클립 중 가장

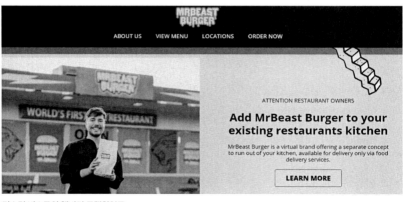

미스터 비스트의 햄버거 프랜차이즈

제작비가 많이 들어간 영상은 '마지막으로 손을 뗀 사람에게 100만 달러 주기' 영상인데, 상품을 포함해 120만 달러가 투자되었다. 어마어마한 금액에 경기는 30시간 넘게 진행되었다. 참가자들도 매우 열정적이고 진지하다. 사실 그가 제작에 참여하는 도전자들에게 주는 보상이 엄청나기 때문이다.

도날드슨이 1년에 유튜브로 벌어들이는 수익은 정확히 공개되지 않았다. 그러나 2020년 블룸버그는 미스터비스트가 1년에 유튜브 등 소셜 미디어 채널, 게임 채널 등에 붙는 광고로 수천만 달러, 우리 돈 수백억 원을 번다고 예상했다. 현재 미스터비스트는 알고리즘 분석과 제작을 담당하는 직원 50여 명을 고용하고 있다.

고스트 프랜차이즈 사업 시작, 새로운 수익

최근 그는 또 다른 수익 사업인 '미스터비스트 버거(MrBeast Burger)' 레스토랑 체인 사업을 시작했다. 그러나 우리가 생각하는 프랜차이즈와는 완전히 다르다. 미스터비스터 버거는 공유 레스토랑 개념을 패스트푸드에 적용했다. 기존 레스토랑 주방을 이용하며, 물리적 레스토랑 공간을 보유하는 대신 배달 앱을 통해 식사를 판매한다. 미스터비스트 버거는 브랜드와 로고, 메뉴, 표준화된 레시피, 상표권, 주문 애플리케이션 등을 제공하고 판매 수익의 일부를 받는다. 일정 수준의 공간과 햄버거를 만들 수 있는 직원이 있다면 모두 프랜차이즈에 합류할 수 있다. 예를 들어 인디애나 블루밍턴에 있는 고객이 미스터 비스트 버거를 주문하면, 그곳 다운타운 어딘가에 있는 레스토랑에서 표준화된 레시피로 버거와 프렌치프라이를 요리한다.

요즘 미국에서는 이런 사업 형태를 '고스트 프랜차이즈(Ghost Franchise)'라고 부른다. 미스터비스트 버거는 현재 미국 내에 450여 개 지점을 보유하고 있다. 주로 젊은이들이 많은 지역 거점이 타깃이다. 2021년 말에는 2,000여 개로 늘어날 것으로 예상한다. 지금은 미국에만 매장이 있지만, 사실 공유 레스토랑의 해외 진출은 어렵지 않다. 음식의 품질 관리가 중요하지만, 시작은 브랜드 사용 계약서와 음식 조리법을 담은 서류 한 장이면 된다.

컬러TV의 세계 수도가 바뀐 날,
라디오가 라디오를 버리다

우리가 RCA라고 알고 있는 미국 TV 제조사는 1919년 설립 당시 라디오를 먼저 제조했다. 그래서 그 약자도 The Radio Corporation of America다. RCA는 1940년 메인 제조 시설을 뉴저지 캠든에서 인디애나 블루밍턴(Bloomington)으로 이전했다. 수요가 늘자, 더 크고 한적한 공장이 필요했다.

블루밍턴으로 제조 시설을 옮긴 이후 1949년 9월 6일에 다시 한번 큰 변화를 겪는다. 미국 전역에 TV 방송이 시작되면서 라디오가 아닌 텔레비전 제조 시설로 탈바꿈한 것이다. 이후 50년 동안 블루밍턴은 'TV 제조의 메카'로 불리며 승승장구했다. RCA의 주인이 GE에서 프랑스 톰슨(Thomson SA)으로 바뀌었지만, 8,000여 명의 직원을 고용(블루밍턴 노동력의 2%)했고, 스스로 '컬러TV의 세계 수도(Color Television Capital of the World)'라고 부를 만큼 자부심도 컸다.

그러나 위기는 찾아온다. 미국의 노동 비용이 급상승하면서 제조 경쟁력이 급격히 떨어졌다. 결국, 1968년 2,000명 이상의 직원이 정리해고된다. 이것은 시작이었다. 1986년 톰슨은 더 싼 노동력을 제공하는 멕시코로 공장 이전을 준비한다. 1998년 4월 1일, 블루밍턴 TV 제조 공장은 가동한 지 50년 만에 문을 닫았다. 그 후 해당 부지는 제약회사 공장으로 활용되었다.

미국에서 또 다른 전설이 저물었다. 미국 2위 라디오 방송사가 라디오를 버렸다. 라디오 방송 엔터컴(Entercom)은 사명을 오데이시(Audacy)로 변경했다. 오디오북과 팟캐스트에 익숙한 Z세대에게 다가가기 위해서다. Z세대는 광고의 주 대상층이기도 하다. 모바일 애플리케이션 이름도 라디오닷컴에서 오데이시로 바뀐다. 이 회사의 주식도 2021년 4월 9일부터 AUD라는 이름으로 거래되고 있다.

1968년 펜실베이니아 필라델피아에서 설립된 엔터컴 커뮤니케이션은 미국 48개 방송 권역에 235개 방송사를 보유하고 있다. 아이하트(iHeart)에 이어 2번째로 라디오 방송사 개수가 많다. 2017년 엔터컴은 CBS라디오를 인수해 지금의 규모가 되었다.

라디오가 아닌 오디오 콘텐츠 전략

최근 몇 년간, 엔터컴은 팟캐스트 회사들을 잇달아 인수했다. Cadence13, Pineapple Street Studios 등 미국 팟캐스트 업계에서 제작 능력을 어느 정도 인정받는 곳들이다. 라디오 플랫폼에서 벗어나 오디오 콘텐츠를 강화하겠다는 전략의 일환이다. J.D 크롤리(J.D. Crowley) 엔터컴 디지털 최고 책임자는 "우리는 라디오를 넘어서고 있다. 더 이상 라디오라는 말을 하지 않을 것이다."라고 언급했다.

라디오 회사 엔터컴이 라디오를 떠나기로 한 건 어쩔 수 없는 선택이다. 코로나바이러스 대유행 이후 오디오 콘텐츠가 주목받고 있지만, 라디오는 소외되었다. 청취자가 고령화되어 주 소비계층의 몰입도도 높지 않다. 엔터컴 역시 대통령 선거가 있던 해인데도 2020년 매출이 28%나 떨어졌다.

블룸버그에 따르면 미국 회사들의 40%는 2020년 말까지 라디오 광고를 집행하지 않았다. 그러나 문제는 침체가 회복되더라도 예전 수준에 다다를 수 없다는 점이다. 이미 오디오 시장은 팟캐스트로 넘어가고 있다. 음성 광고도 라디오에서 디지털로 전환되고 있다. 휴버 리서치의 미디어 애널리스트 크레이그 휴버는 블룸버그와의 인터뷰에서 "코로나바이러스 대유행은 광고의 디지털 전환을 가속화했다. 2019년 시점으로 다시 돌아갈 일은 없을 것이다."라고 설명했다.

엔터컴의 고민도 여기서 시작되었다. 라디오를 넘어 오디오 콘텐츠로 가고 있지만, 라디오라는 올드한 이미지 때문에 오디언스 확장이 쉽지 않았다. 스포티파이 같은 스트리밍 오디오와 경쟁하기 위해서는 새로운 이미지가 필요했다. 데이비드 필드 CEO는 "우리는 우리의 이름보다 더 성장했다. 우리가 향하는 곳에 지금 이름은 맞지 않는다."라고 설명했다.

엔터컴은 오디오 시장으로 진격하기 위해 웹사이트와 함께 모바일 AOD 애플리케이션에 투자해 팟캐스트 시장에서 미래를 만들 계획이다. 이곳에서 모든 라디오 실시간 방송과 AOD, 팟캐스트 콘텐츠를 함께 서비스한다. 라디오 방송은 미 전역 230개 지역 스테이션이 맡고, 팟캐스트는 Cadence13과 Pineapple Street Studios가 책임진다.

엔터컴은 2022년에 독점 디지털 라디오 콘텐츠와 함께 오리지널 팟캐스트 프로그램을 지금보다 2배가량 늘린다. 이와 관련하여 엔터컴은 전직 NFL 선수이자 스포츠 분야 유명 인사인 부머 에시아슨(Boomer Esiason)과 유명 라디오 진행자 빅 티거(Big Tigger)와 디지털 프로그램 제작 계약을 했다. 필드 CEO는 엔터컴이 오데이시 애플리케이션에 더 많은 인터랙티브 기능과 소셜 미디어 서비스 기능을 탑재한다. 청취자들이 라디오와 팟캐스트 진행자와 더 많이 교감할 수 있도록 말이다.

엔터컴은 할리우드 스튜디오의 영화나 드라마를 오디오 버전으로 만들기 위한 준비도 하고 있다. 이와 관련하여 오데이시 애플리케이션에서 콘텐츠를 '몰아보기'할 수 있는 단독 코너도 런칭했다. 엔터컴은 오데이시 앱과 웹사이트를 통해 매달 1억7,000만 명이 넘는 이들에게 오디오 콘텐츠를 서비스하고 있다고 밝혔다. 비즈니스 모델의 경우 유료 구독도 고려하고 있다.

인터넷 플랫폼 면책 조항 섹션 230, 거센 개정 요구에 직면하다

최근 인터넷상 혐오표현이나 총기 거래를 규제해야 한다는 여론이 높아지면 서 미국 의회에서 인터넷 기술 플랫폼들의 면책 조항을 담은 법 조항인 섹션 230(Section 230)에 대한 개정 논의가 치열하게 진행되고 있다. 인터넷 기본법 (The foundational U.S. internet law)이라고 불리는 이 법률이 바뀌면 미국을 넘어 유사한 법체계를 갖추고 있는 한국에도 영향을 미칠 수 있다.

미국 하원 에너지 및 통상위원회는 2021년 3월 24일(목) '오남용 정보 공화국: 극단주의와 거짓 정보를 부추기는 소셜 미디어의 역할'이라는 내용의 청문회를 열었다. 이 자리에는 마크 저커버그 페이스북 CEO와 선다 피차이 구글 CEO, 잭

HOUSE COMMITTEE ON
ENERGY & COMMERCE   ABOUT E&C   SUBCOMMITTEES   COMMITTEE ACTIVITY   NEWSROOM   SUBSCRIBE
CHAIRMAN FRANK PALLONE, JR.

Home » Committee Activity » Hearings

HEARING ON "DISINFORMATION NATION: SOCIAL MEDIA'S ROLE IN PROMOTING EXTREMISM AND MISINFORMATION"

Date: Thursday, March 25, 2021 - 12:00pm
Location: Virtual Hearing via Cisco WebEx
Subcommittees: 117th Congress
Communications and Technology (117th Congress)
Consumer Protection and Commerce (117th Congress)

COMMITTEE ACTIVITY
Hearings
Markups
Accomplishments
COVID-19 Response

도르시 트위터 CEO 등 미국 거대 IT 기업 수장들이 참석해 의원들의 거센 질문을 받았다. 특히, 의원들은 각 플랫폼에 유통되고 있는 허위정보, 혐오표현, 극단주의 콘텐츠에 대해 논의하면서 이들 기업의 면책특권을 보장한 섹션 230의 폐기를 주장하는 목소리를 높였다.

섹션 230은 1996년 통신품위법(Communications Decency Act)에 규정된 조항으로 인터넷상 콘텐츠에 대한 법적 책임의 주체를 규정한다. 즉 포털 및 미디어 플랫폼 등 콘텐츠를 유통하는 사업자는 유통에 대한 책임만 질 뿐 기본적으로 게시물에 대한 법적 책임을 지지 않는다. 이 조항에 따라 구글이나 페이스북 등은 인터넷 이용자들이 올린 게시물에 대한 법적 분쟁을 피하면서 점유율을 크게 확대해 왔다. 그러나 미 의회 의원들은 인터넷 정보 오남용, 가짜 뉴스 유통 등과 관련해 플랫폼에 지나친 면책 조항이라며 법 개정을 계속 요구해왔다.

기본적으로 섹션 230은 페이스북이나 트위터 같은 온라인 사업자들에게 창과 방패가 되어 왔다. 사용자들이 게시한 콘텐츠가 유해하다고 판명되어도 책임을 거의 지지 않았다. 쉽게 말해 어떤 트윗으로 피해를 받았다면 트위터가 아니라 해당 트윗을 올린 사람을 고소해야 하는 식이다. 또 섹션 230은 이들 기업에 칼도 되어주었다. 내부 규정에 맞지 않는다고 판단하거나 법적 책임을 면하고 싶다면 그냥 그 콘텐츠를 내리면 된다.

섹션 230의 근거는 무엇인가

사실, 통신품위법의 주된 목적은 미성년자들이 인터넷상의 성적 콘텐츠에 노출되는 것을 막는 것이었다. 그러나 사용자들이 올린 게시물이나 콘텐츠가 문제가 되어 인터넷 사업자들에 대한 소송이 이어지자 면책 조항이 논의되기 시작했다. 이른바 '선한 사마리아인 조항'이 법으로 들어왔다. 이 조항으로 인해 인터넷 사업자들은 문제가 있는 콘텐츠를 사전에 선별하거나 차단하면 향후 그들이 예견할 수 없는 법적 책임에 대해 면제받게 된다. 이 조항 때문에 미국 포털이나 인터넷 사업자, 소셜 미디어 사업자들은 승승장구하게 된다.

섹션 230이 생기게 된 계기는 온라인 정보 업체 컴퓨서브(CompuServe)에 대한 판결 때문이다. 당시 연방 판사는 컴퓨서브가 데이터를 검토하지 않고 단순히 호스팅 했기 때문에 해당 콘텐츠의 게시자로 책임을 지지 않는다고 판단했지만, 뉴욕주의 판사는 이 회사가 온라인에 게시물을 올리기 전 검수 작업을 하기 때문에 책임이 있다는 판단을 했다. 이후 섹션 230이 생기면서 이 논란은 인터넷 사업자에게 유리하게 흘러간다.

이후 섹션 230은 신문, 방송 등 언론사의 법적 책임과 비교되면서 더욱 논란이 되었다. 언론사의 경우, 그들이 만드는 콘텐츠나 기사에 책임을 지기 때문에, 그들의 콘텐츠로 인해 명예훼손을 당하면 해당 언론사를 고소할 수 있다.

문제는 이 조항이 현재 거의 모든 인터넷 서비스 사업자, 컴퓨터 서비스 사업자 및 공급자에게 적용된다는 점이다. 규모와는 관계없다. 구글, 페이스북 등 사실상 인터넷에서 독과점의 지위를 갖는 사업자들에게도 동일하게 적용돼 더욱 반발이 거세지고 있다. 심지어 공유 숙박 서비스인 에어비앤비도 주택 임대 목록에 대한 책임을 피하기 위해 섹션 230을 인용한다.

이런 이유로 미국 의회에서는 대형 기술 업체에게 과도한 면책을 주는 이 조항을 개정해야 한다는 목소리가 높다. 개정에 대해서는 민주당과 공화당 모두 동의하는 상황이다. 민주당은 플랫폼이 가짜 뉴스 등을 무작위적으로 유통한다고 주장하고 공화당은 그들이 보수 여론을 검열한다고 언급한다. 물론 양당 모두 페이스북이나 구글 같은 기술 대기업을 규제하려는 목적은 같다. 바이든 대통령은 기술 및 시장 경쟁 정책을 다루는 국가 경제 위원회(National Economic Council)의 특별 보좌관으로 팀 우 컬럼비아 대학 법대 교수, 연방거래위원회(FTC) 위원으로 린다 칸 컬럼비아대학교 교수를 임명했다. 이들은 둘 다 대표적인 기술 대기업 비판론자들이다.

2021년 1월 도널드 트럼프 전 대통령 지지자들이 의사당에 난입한 이후 페이스북과 트위터가 트럼프의 계정을 봉쇄한 것이 대표적이다. 당시 민주당은 소셜미디어 사업자들의 조치를 환영했지만, 이후 폐쇄를 이어가지 않은 것에 대해 불만을 터뜨리고 있다. 많은 공화당원은 트럼프 대통령에 대한 조치가 언론 자유를 침해하는 부당한 검열이라고 보고 있다.

현재 많은 전문가들도 섹션 230이 지나치기 광범위하게 적용돼 인신매매나 성적 유해 정보 유통까지 책임을 면하는 상황이 벌어지고 있다고 지적하고 있다. 물론 기업 내에는 콘텐츠 선택 자유와 수정헌법 1조를 들어 정부 규제를 반대하는 여론이 있다. 반대론자 중에는 사업체를 구분해 선별 적용해야 한다는 목소리도 나온다. 스타트업이나 혁신 기업까지 콘텐츠 유통에 대한 소송 비용을 부담할 경우 혁신을 저해할 수 있다는 논리다.

섹션 230의 수정 방향

바이든 대통령은 대선 유세 당시 섹션 230 폐지를 요구했다. 물론 상하원을 모두 장악한 민주당은 전면 폐지에 동의하지 않고 있다. 대신, 정부에 범죄행위를 신고하지 않을 경우, 온라인 서비스에 책임을 묻고, 기업이 법원 명령에 따라 콘텐츠를 삭제하도록 명령하는 등 적극적으로 강제하려는 움직임이 있다. 또 유료 광고, 알고리듬에 의해 홍보된 콘텐츠 또는 아동 성적 학대 등 유해 콘텐츠의 경우 230조 면책특권을 없애는 내용도 논의 중이다.

일단 수세에 몰린 소셜 미디어 및 인터넷 사업자들도 개정에 어느 정도 동의하고 있다. 페이스북 CEO 마크 저커버그는 "의회가 인터넷 플랫폼을 통해 불법 콘텐츠를 식별하고 제거하는 시스템을 갖추도록 요구할 수 있다."라고 말한 바 있다.

그러나 선다 피차이 구글 CEO는 의회 연설 전 준비된 답변에서 "준비되지 않은 상태에서 섹션 230을 폐지할 경우, 표현의 자유 위축과 플랫폼 성장의 저해 등 의도치 않은 결과가 발생할 수 있다. 혐오표현, 극단주의에 집중해 개정 논의를 펼칠 필요가 있다."라고 신중론을 펼쳤다. 잭 도르시 트위터 CEO는 모두 발언에서 섹션 230을 언급하지는 않았지만, 추천 알고리듬을 투명하게 운영하는 등 플랫폼의 자정 작용이 필요하다는 취지의 말을 했다.

미 의회에서도 개정 논의가 진행되고 있다. 2021년 3월 초, 로이터 통신은 민주당 데이빗 시실린 하원 독점금지 분과위원장(House Antitrust Subcommittee chairman)이 섹션 230조를 겨냥한 법안을 마련 중이라고 보도한 바 있다. 또 선의의 피해자를 막기 위해 규모에 따라 섹션 230 적용을 달리하는 법안도 준비되고 있다. 또 최근에는 거대 IT 플랫폼들의 콘텐츠 심의에 대한 투명성을 높이는 한편 소비자 불만을 처리하기 위한 '소비자 보호 센터' 운영을 의무화하는 법도 공개되었다. 이 법 역시 사이트의 월 순 방문자 수가 100만 명 미만인 플랫폼은 면제 대상이다.

이를 종합해 보면 정도의 차이는 있지만 민주와 공화당 모두 기술 대기업을 제재하려는 움직임은 같다. 특히, 현재 인터넷 기업들이 취하고 있는 계정 차단이나 콘텐츠 삭제와 관련한 권한 개정도 논의 중이다. 일부에서는 인터넷 기업들이 콘텐츠를 삭제하기 위해 내부 심의 위원회 등 심도 있는 논의를 해야 한다고 지적하고 있다. 또 게시자가 이를 반대하거나 법적 조치를 할 수 있는 방어권 신설도 주장하고 있다.

한편, 트럼프 행정부 시절, 연방 방송통신위원회(FCC)는 법 개정 없이 섹션 230을 재해석해 인터넷 기업에 대한 규제를 시도한 바 있다. 그러나 당시 민주당이 FCC의 법적 권한에 의문을 제기해 제동을 걸었다. 현재 미 대법원은 섹션 230에 대해 판결을 내린 바 없다.

Z세대 스튜디오 브랫TV,
창업 3년 만에 매출 10배 성장

Z세대를 대상으로 숏폼 드라마 및 예능 콘텐츠를 제작하는 디지털 콘텐츠 스튜디오 브랫TV가 2021년 들어 3,500만 달러의 매출을 기록했다. 이 사실은 공동 창업주인 롭 피쉬맨이 악시오스와의 인터뷰하면서 밝혀졌다. 브랫TV는 2020년 1,500만 달러의 매출을 달성한 바 있다. 브랫TV는 한국에서는 그리 유명하지 않지만 미국 방송계에서 미래의 TV를 말할 때마다 거론되는 영상 기반 미디어 스타트업이다. 미국 LA에 기반을 둔 Z세대 전용 프로그램의 제작 허브로 불린다.

Z세대 타깃 오리지널 드라마를 만들어 인기를 끈 브랫TV는 유튜브를 통해 오디언스와 소통한다. 미래 세대의 열렬한 지지를 받고 있다는 점 때문에 많은 미디

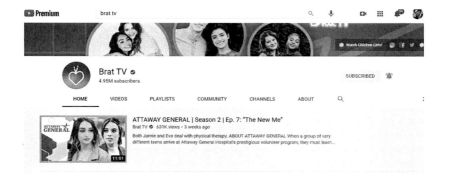

어 기업들의 인수합병 리스트에 오르내리기도 했다. 브랫TV와 유사한 콘텐츠를 만드는 어썸니스TV(AwesomenessTV)는 2019년 바이어컴에 2,500만 달러에 매각되었다.

2017년 소셜 미디어 플랫폼에 포커스를 맞춘 오리지널 콘텐츠 제작을 목표로 런칭한 브랫TV는 TV 작가인 롭 피쉬맨(Rob Fishman), 대런 래치맨(Darren Lachtman)이 유튜브에 극화한 작품을 올리면서 시작했다. 최초 자금은 여러 곳에서 펀딩을 받은 250만 달러였다.

피쉬맨은 사업 초기에 디지털 플랫폼에서 소비될 만한 10대를 위한 고품질 콘텐츠가 충분히 시장성이 있다고 판단했다. 그는 소셜 미디어 주요 인사들이 생각보다 과소평가된 측면이 있다며 이들을 집중적으로 브랫TV에 노출했다. 이에 온라인에서 인기가 많은 10대 셀럽들을 출연시키고 작품 길이도 25분 이하인 숏폼에 집중했다. 사실, 브랫이라는 이름도 1980년대 청춘 영화 장르를 말하는 브랫팩(Brat Pack)에서 따왔다. 서비스의 정체성을 분명히 한 것이다.

10대를 위한 오리지널 드라마가 인기를 끌면서 브랫TV는 단숨에 Z세대의 중심에 섰다. 2019년 말 유튜브 구독자만 351만 명에 달하는데, 2021년 3월 495만 명까지 성장했다.

브랫TV의 대표작은 오리지널 드라마 〈치킨 걸스(Chicken Girls)〉다. 치킨 걸스라는 댄스 클럽을 만들어 학교를 누비는 여학생들의 활약상을 그렸다. 소셜 미디어에서 인기가 많은 인플루언서가 등장해 작품을 이끈다. 이 작품은 영화로도 제작됐는데, 당시 2,200만 명의 관객을 끌어모았다. 현재 시즌8까지 이어지고 있다. 이후에 만든 〈서니사이드업(Sunnyside Up)〉과 〈크레이지 패스트(Crazy Fast)〉 등 다른 오리지널 디지털 콘텐츠도 인기를 끌고 있다.

브랫TV는 TV보다는 Z세대들이 커뮤니케이션하는 동영상 플랫폼으로 진화하고 있다. 홈페이지(https://brat.tv/)보다 유튜브 사이트가 더 유명하다. 5분에서 30분 미만의 10~20대 초반을 위한 콘텐츠만을 만든다. 그들의 고민, 생활, 정보 등을 영상으로 만들어 전달한다. 이런 인기로 유튜브 플랫폼뿐만 아니라 다양한 기성 미디어 플랫폼들에도 콘텐츠가 확산되고 있다. 드라마 주인공들도 대부분 10대인데, 성공한 작품은 장편 시리즈로 만들어진다.

특히, 브랫TV는 코로나바이러스 대유행 시기였던 2020년에 급성장했다. 콘텐츠가 필요했던 각종 스트리밍 서비스 사업자와의 공급 계약에 성공했기 때문이다. 2020년 이 회사는 NBC유니버설의 스트리밍 서비스 피콕과 계약을 맺고 전체 콘텐츠 라인업을 공급했다. 전체 100시간에 가까운 콘텐츠가 제공되었다.

이에 앞서 브랫TV는 스트리밍 서비스인 훌루, 스트리밍 서비스 플랫폼 로쿠(Roku), 삼성 스마트TV '삼성 TV+' 등과 공급 계약을 맺기도 했다. 특히, 스마트TV처럼 거실에서 보는 미디어 플랫폼에 콘텐츠가 공급된다는 점은 틈새를 넘어 주류 방송 시장으로의 진출을 의미한다고 볼 수 있다. 최근에는 10대들이 활약하는 소셜 미디어 플랫폼이나 인플루언서들과의 협업을 강화하고 있다. 스냅챗과 다년 계약을 맺고 내부 콘텐츠 채널인 '스냅챗 디스커버(Snapchat Discover)'에 오리지널 콘텐츠를 올리고 있다. 이 중 〈패스트 유어 베드타임(Past Your Bedtime)〉은 스냅챗에서 140만 명이 넘는 구독자를 모으고 있다. 2020년 5월에는 틱톡 메이저 인플루언서인 딕시 다멜리오(Dixie D'Amelio)가 첫 번째 연기에 도전한 오리지널 드라마 〈애터웨이 제너럴(Attaway General)〉을 유튜브에 공개했다. 다멜리오를 포함한 4명의 10대가 애터웨이 병원에서 봉사활동을 하며 벌어지는 해프닝을 그렸다. 이 작품은 공개되자마자 선풍적인 인기를 끌어 15억 뷰를 넘겼고 총 1억

브랫TV의 〈애터웨이 제너럴〉

6,000만 시청 시간을 넘겼다.

브랫TV의 중심은 여전히 유튜브

많은 콘텐츠 기업들이 10대들의 성지인 틱톡이나 스냅챗으로 옮겨가고 있지만, 브랫TV의 무게 중심은 여전히 유튜브다. 브랫TV도 새로운 소셜 미디어 플랫폼과 협업하고 있지만, 유튜브에 가장 많은 콘텐츠를 올리고 있다. 브랫TV는 전문 제작 콘텐츠 관련 유튜브 시장은 여전히 열려 있다고 판단하고 있다. 피쉬맨은 악시오스와의 인터뷰에서 "스트리밍 서비스가 10대들에게 인기를 끌고 있지만, 여전히 무료로 볼 수 있는 플랫폼에 많은 오디언스가 몰린다."라고 설명했다.

브랫TV의 현재 주요 수익 모델은 유튜브 등 동영상 플랫폼을 통한 광고다. 앞으로는 구독 기반 콘텐츠를 확대할 계획이지만 광고 매출 확대가 여전히 중요하다. 초기 스타트업에서 유니콘으로 나아가고 있는 브랫TV로서는 광고가 기업 안정성을 담보하는 주요 매출이다. 그래서 브랫TV는 광고 매출 확대에 많은 신경을 쓰고 있다.

2020년 성장의 주원인도 유튜브 광고 매출 증가다. 특히, 브랫TV는 2020년 유튜브의 공식 판매 파트너가 되면서 광고를 스스로 유치하고 팔 수 있게 되었다. 그래서 10대들에게 인기 있는 콘텐츠 주변에 광고를 집중적으로 배치했다.

이를 위해 브랫TV는 TV 광고를 판매한 경험이 있는 이들을 고용해 자체 광고 영업팀을 꾸렸다. 이에 2020년, 광고 판매에 대한 유튜브 의존도를 45%까지 줄였다. 물론 매출 증가의 대부분은 광고 직접 판매로 인한 것이다. 브랫TV가 독자적으로 광고를 판매하기 시작했다는 것은 성장세를 반증하는 주요 사례다.

수익원 다각화에도 힘쓰고 있다. 콘텐츠를 중심으로 한 미디어 커머스가 브랫TV의 미래다. 브랫TV는 2021년 미디어 커머스 사업 부문을 런칭했다. 기업 협찬 콘텐츠 제작과 드라마 주인공들이 입는 옷과 신발 등을 자체 브랜드로 판매하기 위해서다. 〈치킨 걸스〉 주인공들이 입었던 옷이나 신발 등이 온라인에서 크게 화제가 된 이후 구상한 사업이다.

2021년 여름에는 브랫TV 작품들의 이미지를 담은 의류 브랜드 '애터웨이'를 내놓는다. 이외 드라마를 확장해 책이나 음악 등의 콘텐츠로도 만들어 선보인다. 현재 브랫TV에는 40명이 넘는 정규직이 있는데 소셜 미디어 서비스, 스트리밍 서비스 등을 위한 콘텐츠 제작 인력을 10명 이상 더 뽑을 계획이다.

전문가들도 브랫TV의 장래를 밝게 보고 있다. 긍정적 평가에는 제작비 대비 효율이 뛰어나다는 점도 있다. 현재 브랫TV의 제작 단가는 1분당 3,500달러 수준이다. 주요 스트리밍 사업자 중 가장 낮은 수준의 제작비다. 제프리 카젠버그가 만들었던 숏폼 스트리밍 서비스 퀴비(Quibi)의 경우, 분당 제작비 10만 달러라는 어마어마한 돈을 쓰다가 9개월 만에 사업을 접었다. 그렇다고 품질이 낮은 것도 아니다. 신선한 소재와 유명인이 아닌 화제성이 높을 만한 배우를 섭외했기 때문에 가능한 비용이다.

전직 페이스북 직원은
어떻게 Z세대의 인플루언서가 되었나

페이스북에서 콘텐츠 디자이너와 프로덕트 매니저로 일했던 알렉사 쇼엔(Alexa Shoen)은 소셜 미디어 회사에 근무하면서 틱톡을 운영하면 잘 할 수 있을 것 같다는 느낌을 받았다. 그러나 2021년 1월에 처음 틱톡 포스팅을 올리고 나서 이렇게 빨리 성공할 수 있을 거라고는 생각하지 않았다.

두 달이 지난 2021년 3월, 그녀의 틱톡 팔로워는 10만 명이 넘었다. 100만 명 넘는 팔로워를 보유한 메이저 인플루언서에 비하면 아직 약하지만, 쇼엔은 직업이나 일과 관련한 틱톡을 올리는 '#JobTok' 분야에서 가장 유명한 플레이어 중 한 명이다. 이 섹션에서는 Z세대 오디언스들에게 직업적 조언을 하는 이들이 주로 활동한다. 그녀가 올리는 비디오는 사용자들이 'JobTok' 해시태그를 검색할 때 첫 번째에 위치한다.

알렉사 쇼엔이 올리는 포스트(@alexashoen)는 사소하지만 직접적인 메시지를 담고 있다. 특히, 사회에 첫발을 내디딘 이들에게 유용하다. 포스트 제목은 '취업과 대학의 차이점' '왜 아무도 내 링크드인 이력을 보지 않는가?' 등이다. 커피를 사 들고 야외에서 진행하는데, 정말 내 친구 혹은 선배가 조언해주는 느낌이 난다.

쇼엔은 비즈니스 인사이드와의 인터뷰에서 "내 구독자들은 취업이나 학위를 마친 뒤 직업 계획을 세우는 대학생들"이라고 말했다. 틱톡에서 구직 해시태그의 증가는 코로나바이러스 대유행이 인력 시장에 영향을 크게 미친 2021년에 특히 두드러졌다. 대학생 진로 관련 사이트 밀크라운드(Milkround)가 최근 영국 대학생과 졸업생 3,000명에게 물은 결과에 따르면, 질문 응답자 중 62%가 코로나바이러스 대유행이 향후 자신들이 직업을 구하는 데 부정적인 영향을 미칠 것이라고 답했다.

쇼엔이 틱톡을 직업으로 선택한 것도 바로 이 같은 Z세대들의 생각에 있었다. 자신의 경험을 바탕으로 그들의 고민을 해결해주는 것이 사업이 될 수 있다는 판단이었다. 그녀의 생각은 적중했다. 쇼엔은 세 번째 틱톡 포스트에서 첫 직장을 갖는 데 2~3년이 걸리는 건 공정하지 않다며 이유를 설명했다. 이 비디오는 하루도 채 되지 않아 60만 뷰 이상을 기록했다.

이런 뜨거운 관심으로 첫 7일 만에 38만 명 이상의 팔로워를 모았고, 첫 주 만에 틱톡 크리에이터 지원 대상이 되었다. 크리에이터 펀드(Creator Fund)는 최소 1만 명의 팔로워와 1만 뷰 이상의 포스트를 보유한 크리에이터들을 보상하는 틱톡 프로모션 제도다.

미국, 유럽의 18세 이상만 지원 대상이다. 경제 전문지 비즈니스 인사이더는 최근 보도에서 "쇼엔은 3월 중순 일주일 동안 154달러의 지원금을 받았다."라고 밝혔다. 우리 돈으로 20만 원 남짓이지만, 광고를 제외한 순수 금액이어서 나쁘지 않은 수준이다. 쇼엔은 "크리에이터 펀드는 콘텐츠를 만드는 동기를 유발한다. 좋은 콘텐츠는 바이럴도 뛰어나 틱톡에게도 도움이 된다."라고 설명했다.

틱톡, 온라인 교육 비즈니스 활성화를 위한 도구

쇼엔은 그녀의 틱톡을 자신의 온라인 교육 회사 '엔트리 레벨 보스(Entry Level Boss)'를 홍보하는 데에도 사용한다. 이 회사는 사회 초년병들에게 맞는 일을 찾아주는 데 포커스되어 있다. 2016년에 설립한 엔트리 레벨 보스에서 쇼엔은 2020년부터 2명의 직원과 함께로 일하고 있다. 쇼엔은 잡마켓에 첫 진입을 시도하는 학생들에게 코칭 프로그램을 제공하고 대학과 관련 파트너십을 맺으면서 매출을 올리고 있다. 참고로 그녀의 웹사이트를 통한 개인 코칭은 2회 강의에

ENTRY LEVEL
B O S S

We help grads get hired

Discover the step-by-step methodology applauded by hiring managers at companies like Google, IDEO, and Deloitte. Raved about by career advisors at universities ranging from Notre Dame to San Jose State. And endorsed by thousands of young job seekers just like you.

450달러다. 엔트리 레벨 보스 또한 코치 프로그램 부트캠프를 199달러에 진행하고 있다.

그러나 현재 주요 매출은 대학과의 협업과 파트너십을 통해 나온다. 특히 그녀는 미국 대학과 많은 일을 하고 있다. 이 역시 2021년 1월 틱톡 계정을 만들고 난 뒤 파트너십 계약이 급증했다. 쇼엔은 틱톡을 시작하고 나서 베스트셀러 작가도 되었다. 2020년 5월에 내놓은 쇼엔의 책《엔트리 레벨 보스》는 2020년 한 해보다 틱톡을 시작한 첫 주에 더 많이 판매되었다고 털어났다. 틱톡에서의 홍보가 업무에 큰 도움을 준 것이다. 현재 그녀의 책은 글로벌 시장에서도 베스트셀러가 되었다.

쇼엔은 그녀의 역할을 "밀레니얼 세대와 Z세대의 직업 코치"라고 말한다. 그녀는 자신이 25살이었을 때 첫 직장 상사가 "실제 직업 현장에 쓰일 만한 기술을 가진 인재가 없다."라고 했던 말을 항상 생각한다고 언론에서 밝혔다. 쇼엔은 "실제 고용 시장에서 채용하는 방식과 우리가 생각하는 채용의 고정관념 사이에는 격차가 크다."라며 현실에 맞지 않는 생각을 수정해주는 것이 자신의 일이며, 이를 위한 수단으로 틱톡이 제격이라고 말했다.

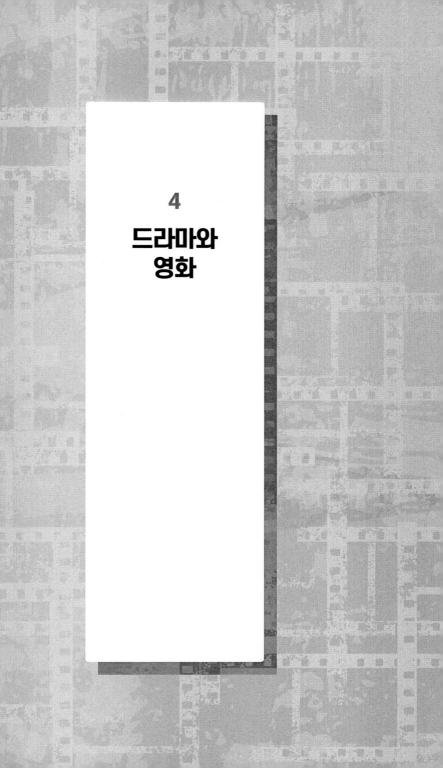

4

드라마와
영화

제93회 오스카 영화제, 한국영화와 스트리밍 서비스가 주인공

"우리 이야기를 전 세계와 공유할 수 있게 해준 넷플릭스에 감사드린다."

2021년 4월 25일 열린 제93회 오스카 시상식 장편 다큐멘터리 부문에서 〈나의 문어 선생님(My Octopus Teacher)〉으로 최고상(Best Documentary Feature)을 받은 남아프리카 공화국 출신 피파 에를리히(Pippa Ehrlich) 공동 감독의 소감이다. 넷플릭스는 오스카 다큐멘터리 부문에서 2년 연속 최고 자리에 올랐다. 코로나바이러스 대유행 속 오프라인 행사에 많은 염려가 제기된 제93회 오스카 영화제가 끝났다. 영화계 최고 권위를 자랑하는 시상식 중 하나인 오스카 시상식은 코

오스카 여우조연상 수상 연설하는 윤여정

로나바이러스의 영향으로 40년 만에 2개월 연기된 4월에 개최됐다. 미국 로스앤젤레스 유니온 스테이션과 돌비 극장에서 진행된 시상식은 마스크 없는 진행으로 사람들의 눈길을 사로잡았다. 상을 주거나 받으러 오는 사람뿐만 아니라 대기석에 앉은 영화인들도 모두 마스크를 쓰지 않고 역사의 현장을 지켜봤다.

각본상 시상자로 무대에 오른 배우 레지나 킹은 "우리는 모두 백신을 접종했고, 코로나바이러스 테스트를 받았고, 모든 원칙을 준수하며 안전에 만반을 기했다. 촬영장처럼 카메라가 켜지면 마스크 벗고 카메라 꺼지면 쓴다."고 말했다.

여전히 전 세계가 코로나바이러스와 싸우고 있는 상황에서 열린 오스카는 모든 이들에게 희망을 줬지만, 특히, 한국인과 스트리밍 서비스 1위 넷플릭스에 남다른 의미가 있었다. 배우 윤여정이 드디어 오스카 여우조연상을 받았다. 한국인 배우로는 첫 번째 수상이다. 그녀의 수상 소감은 이번에도 화제가 됐다. 자신의 조연상 수상은 뛰어나서가 아니라 운이 좋아서였다고 본인을 낮췄다. 함께 후보에 올랐던 동료 배우인 글렌 클로즈에게도 "존경했다."라며 예의를 표했다.

한국에서는 윤여정의 수상이 화제였지만, 미국에서는 넷플릭스 등 스트리밍 서비스의 선전도 큰 뉴스였다. 사실상 모든 영화계의 흐름을 스트리밍 서비스들이 가져간 모양새였다. 넷플릭스에게 4월 25일 저녁은 그야말로 빅 나이트(Big Night)였다. 비록 최고 영화상(Best Picture)을 받는 데는 실패했지만, 모든 영역에서 다른 스튜디오를 압도했다. 에를리히의 언급처럼 많은 사람이 '넷플릭스에 감사하다'는 말을 남긴 그야말로 넷플릭스의 힘이 확인된 날이었다.

스트리밍 서비스가 장악한 또 한해

제93회 오스카에서 36개 부문에 후보작을 올린 넷플릭스는 최종 7개 부문에서 수상작을 배출했다. 최대 기대작이었던 데이비드 핀처 감독의 영화 〈맹크(Mank)〉는 촬영상과 무대 디자인상을 받았다. 10개 부문에 이름을 올린 작품치고는 소박한 결론일 수 있지만, 상당히 의미가 있다.

〈마 레이니 그녀가 블루스(Ma Rainey's Black Bottom)〉. 1927년 시카고의 음악 스튜디오. 불같은 성미와 열정을 가진 블루스 가수와 밴드를 그린 이 영화도 2개의 오스카상을 가져갔다. 메이크업과 헤어 스타일링이다. 젊은 나이에 세상을 떠난 〈블랙팬서〉의 배우 채드윅 보스만(Chadwick Boseman)이 최고 남자배우상을 못 받은 것이 아쉽지만, 전설 앤서니 홉킨스에게 넘겨준 데에는 이견이 없다.

넷플릭스 다음으로는 디즈니가 5개의 상을 가지고 갔는데 모든 상이 스트리밍 서비스 디즈니+, 홀루와 연관이 있다. 최고 감독상, 작품상을 거머쥔 클로이 자오(Chlo Zhao)의 작품 〈노마드랜드〉는 일찌감치 홀루에서 상영 중이고 픽사의 애니메이션 〈소울〉은 극장 대신 디즈니+에서 전격 공개된 이후 최고 장편 애니메이션상을 받았다. 디즈니+는 〈소울〉로 오스카를 마수걸이했다.

아마존 스튜디오도 〈사운드 오브 메달(Sound of Metal)〉로 2개의 오스카상을 가져갔다. 아마존은 12개 부문에 노미네이트 됐었다. 그러나 아쉽게도 애플은 빈손으로 돌아갔다.

스트리밍, 역사를 보내고 추억을 남겼다

스트리밍 서비스들의 오스카 장악(특히, 넷플릭스)이 남긴 또 다른 풍경은 '점점 사라져가는 아카데미 수혜'다. 베이비부머와 X세대는 더 느끼겠지만, 아카데미상 수상은 극장 흥행의 보증 수표'와도 같았다. 개봉 당시 큰 주목을 받지 못했던 영화들도 오스카의 선택을 받은 뒤 역주행하는 사례가 종종 있었다. VOD로 볼 수 있지만, 다시 극장에 걸리는 상황도 여러 번 연출됐다. 그리고 영화에 등장하는 음악, 의상, 소품 등이 화제를 만들기도 했다.

그러나 어느 순간 이런 특수는 사라졌다. 한국 영화의 급성장 등 여러 이유가 있겠지만 개인적으로는 넷플릭스의 등장을 이유로 꼽는다. 스트리밍 서비스들이 드라마와 영화를 시스템 안에서 한꺼번에 공개하는 마케팅 전략에 오스카의 밤이 끝난 뒤에도 극장을 찾을 이유가 없어졌다. 그리고 개봉 날을 손꼽아 기다리며 설레던 가슴은 애플리케이션 '새로 고침'을 계속하는 손으로 바뀌었다. 올해 상을 받은 〈나의 문어 선생님〉 〈마 레이니 그녀가 블루스〉 〈소울〉 〈맹크〉 등도 모두 스트리밍 서비스에서 지금 바로 만날 수 있다.

스트리밍 서비스의 등장이 바꾼 풍경은 또 있다. 바로 비디오 대여점이다. 영화

개봉이 끝난 작품이라면 오스카가 끝난 즉시 비디오 대여점으로 직행했지만, 지금은 아니다. 아마 X세대 이전을 사신 분들이라면, 동네에 하나씩 있던 비디오 가게를 기억하실 것이다. 신작 할리우드 영화나 홍콩 무협 영화를 기다리기 위해 하루에도 몇 번씩 동네 비디오 가게를 들렀던 기억 말이다. 휴대 전화도 없던 시절, 인기 작품을 빨리 보기 위해선 부지런함이 유일한 무기였다. 미국인들에게도 우리와 유사한 기억을 불러오는 비디오 가게가 있다. 바로 블록버스터(Blockbuster) 다. 중년 이상의 나이가 든 미국인들도 주말 저녁 가족과 함께 블록버스터에서 빌린 영화로 시간을 보내던 날이 있었다.

블록버스터는 한때 대단한 회사였다. 넷플릭스 창업주 리드 헤이스팅스는 지난 1997년 블록버스터가 장악하고 있던 비디오 대여업에 뛰어든다. 헤이스팅스는 블록버스터와의 경쟁이 버거워 블록버스터에 회사를 사달라고 공식 제안했다. 5,000만 달러에 말이다. 당시에는 블록버스터 매장이 미국 전역에 9,000개 가 넘었을 때다. 그러나 그 제안을 블록버스터는 단칼에 거절한다.

그 당시에는 재고의 가치도 없었던 이 결정이 글로벌 미디어 업계의 역사를 바꾼다. 비디오 가게가 아닌 우편을 통한 DVD 배송으로 블록버스터를 긴장시킨 넷플릭스는 결국 스트리밍 서비스로 미디어 시장을 새롭게 만들었다.

승자인 넷플릭스의 역사는 기사나 책으로 잘 정리되어 있다. 그러나 패자인 블록버스터의 퇴로를 제대로 기억하는 사람은 별로 없다. 사람들을 블록버스터가 완전히 망한 줄 알고 있지만, 미국에는 아직 매장이 존재한다. 오리건 벤드(Bend)라는 곳에는 블록버스터의 마지막 매장이 있다. 지금은 비디오 대여와 함께 추억 여행을 오는 중년들을 맞이하는 관광지로 유명하다.

블록버스터가 궁금하시다면, 넷플릭스를 클릭하면 된다. 넷플릭스의 다큐멘터리 〈마지막 블록버스터(The Last Blockbuster)〉는 블록버스터 마지막 매장의 매니저(샌디 하딩)를 따라가며 위대했던 기업의 과거와 현재를 그린다. 이 다큐멘터리는 2021년 3월 미국 넷플릭스에서 가장 많이 본 작품이었다. 미국 오리건 지역지인 벤드 블레틴 리포트는 "다큐멘터리가 넷플릭스에 공개된 이후, 블록버스터 기념품이 불티나게 팔리고 있다."라고 전했다. 아이러니한 일이다. 스트리밍이 역사를 보내고 추억을 남겼다.

새롭게 부활한 무협 드라마,
CW의 <쿵푸>

〈그린 랜턴〉〈수퍼 걸〉의 작가 그렉 버랜티(Greg Berlanti)가 프로듀서를 맡은 CW의 드라마 〈쿵푸〉가 미국에서 공개되었다. 이 드라마는 미국인들에게는 익숙한 작품이다. 1972년부터 1975년까지 미국 ABC에서 방송된 데이비드 카라딘(David Carradine)이 출연한 동명 드라마를 리메이크 한 것이기 때문이다.

우리에게도 잘 알려진 '크리스티나 M. 김'이 기획을 맡았다. 그녀는 〈쿵푸〉를

젊은 중국계 미국 여성에 관한 것으로 재구성하고, 원작 시리즈의 백인 남자 주인공 대신 아시아계 미국인 배우들로 출연진을 교체했다.

〈쿵푸〉는 미국에 사는 중국 가족에 관한 이야기다. 물론 소재는 쿵푸다. 올리비아 리앙(Olivia Liang)이 연기하는 닉키 션은 중국에서 무술을 배우고 승려 생활을 하기 위해 대학교를 그만둔다. 가족은 그녀가 결혼하기를 원했지만, 그녀는 아니다. 가족의 기대를 저버린 그녀는 중국에서 수련에 전념한다. 그러던 중 그녀의 멘토가 살해당하고, 닉키는 샌프란시스코로 돌아온다. 그녀 없이 잘 살아가던 가족들은 다소 당황한다. 마침 그녀의 동생은 약혼한 상태. 가족의 기대에 부응하려 결혼도 앞두고 있다. 그러나 불행이 닥쳐온다. 그녀의 부모님이 사채 업자에게 돈을 빌리는데, 이들은 더 큰 범죄에 연루된 조직 폭력배였다. 그들이 부모님들을 협박하고 급기야 아버지에게 폭력을 가해 병원에 입원한다. 그래서 닉키의 임무는 조직범죄로부터 그들의 가족과 사회를 보호하는 것이다.

복잡한 문제가 여기서 발생한다. 그녀가 가족을 지키는 기술은 가족을 포기하면서 배운 것이다. 닉키는 가족들과 헤어지기 위해 쿵푸를 배웠다. 가족들은 그녀에게 큰 기대를 해왔다. 그녀의 어머니도 여느 중국인 어머니처럼 타이거 엄마였다. 그녀는 어머니에게 피아노로 하버드에 가야 한다고 배웠고 엄격하고 힘든 삶을 살았다. 그러나 지금 그녀는 어머니가 제일 싫어했던 방식으로 가족을 지켜야 한다. 드라마는 여기서 시작한다.

이 드라마의 특징은 빠른 전개다. 2회 만에 선악 구도와 주인공의 성격 설정이 끝난다. 크리스티나 M. 킴은 이 드라마 이전에 〈블라인드스팟(Blindspot)〉과 〈로스트(lost)〉의 각본에 참여한 적이 있다. 이들 드라마도 극의 초반에 상당한 양의 정보가 전달된다. 〈쿵푸〉를 보는 재미는 주인공 닉키의 연기다. 리앙은 자아와 집안의 기대감에 억눌린 아시아 여성을 제대로 그렸다. 그리고 닉키의 무술은 드라마에서 유려하게 그려진다.

드라마의 등장 타이밍도 좋다. 미국 내 아시아계 미국인에 대한 증오 범죄가 늘고 있는 가운데, 정의를 위해 싸우는 젊은 여성의 등장은 적절해 보인다. TV 시청자들도 〈쿵푸〉의 성공을 응원하고 있는 것으로 보인다.

사실 홍콩이나 중국 특유의 정통 드라마를 많이 봐온 한국 관객들에겐 다소 아쉬운 작품을 수 있으나 쿵푸 영화에 입문하려는 이들에겐 배우들의 액션도 꽤 괜찮아 보인다. 배우들의 연기도 크게 지적할 만한 곳은 없다. 다만, 다소 만화처럼 그려지는 악당들의 이미지는 CW 드라마의 한계를 보여주는 것이기도 하다. 쿵푸 스타에 대해 중년 이후 시청자가 어떤 반응을 보일지도 관건이다.

한편, 크리스티나 M. 김은 2019년 말부터 각본을 쓰기 시작했다. 그녀는 중국계 이민자 가족에 존재하는 다이내믹한 감정을 반영하고자 했다. 그래서 주연 배우의 연기가 매우 중요했다. 여자 배우로는 매력적이면서도 운동신경이 좋은 배우가 필요했다. 아버지 역은 가부장적이지만 무게감과 중심이 있는 남자가 필요했다. 그래서 150명이 넘는 배우를 오디션 했다. 주연인 올리비아 리앙은 〈뱀파이어 다이어리〉〈레거시〉 등 몇 편의 영화에 출연했던 배우다.

이 드라마는 아직 한국에서는 볼 수 없다. 그러나 조만간 스트리밍 서비스를 통해 국내에서도 볼 수 있을 것으로 보인다.

<고질라 VS 콩>,
극장과 스트리밍 서비스 둘 다 살리다

2021년 3월 31일 개봉한 <고질라 VS 콩>이 개봉 첫 주 극장가를 뒤흔드는 성적을 기록했다. 개봉 첫 주 박스 오피스는 4,850만 달러(북미지역)로 코로나바이러스 대유행 이후 최고였다. 관객들은 고질라만큼이나 커진 콩을 보기 위해 기꺼이 위험을 감수했다.

<고질라 VS 콩>의 또 다른 관전 포인트는 바로 HBO맥스의 성적이다. 이 영화는 극장과 같은 날 스트리밍 서비스 HBO맥스에 공개됐는데, 영화와 스트리밍 서비스 업계 모두 흥행 성적에 관심을 쏟았다. 결과는 상당히 좋았다. 커넥티드TV 분석회사 티비전(TVision)에 따르면 3월 마지막 주말 HBO맥스 계정 이용 시간은 그 전주보다 월등히 많았다. 이전 기록인 <원더우먼 1984> 다음인 2등이었다. <고질라 VS 콩>이 공개된 3월 31일 기준, 티비전 패널들의 전체 스트리밍 서비스 이용 시간 중 HBO맥스를 본 시간 비율은 5.25%였다. 10일 전인 3월 21일의 2.3%에 비해 월등히 올랐다. 대작의 효과라고 볼 수 있다.

티비전은 미국에 모든 메이저 스트리밍 서비스와 광고 기반 스트리밍 서비스(유튜브, 로쿠 채널, 플루토TV, 투비) 등을 모두 측정한다. 현재 5,000여 가정(14,000명 개인)에서 거의 25,000여 개 타이틀을 시청하고 결과를 보고하기 때문에 정확도가 매우 높다.

콘텐츠와 스트리밍 서비스의 공생 관계

다른 데이터도 비슷했다. HBO맥스가 2020년 5월 런칭한 이후, 3월 마지막 주 이용이 역대 3번째로 높았다. 이 조사에서 4번째와 5번째를 기록한 시기도 새로운 플랫폼에 런칭되거나 신작 영화가 스트리밍에 공개될 때인 2020년 12월 13일과 2021년 2월 7일이었다. 이를 종합해보면 스트리밍 서비스를 살리는 것은 역시 콘텐츠다. 특히, 대작 영화가 공개될 때 가입자가 몰렸다. 콘텐츠와 스트리밍 서비스의 공생 관계는 명확하다.

영화 드라마 분석회사 릴굿(Reelgood)이 버라이어티에 제공한 자료에 따르면, 릴굿 사용자가 3월 마지막 주말 스트리밍 서비스로 본 영화 1위(8.1%)도 〈고질라 VS 콩〉이었다. 숫자로 제공하는 업체들도 있었다. 스마트TV 시청률 조사 회사 삼바TV(Samba TV)가 조사한 〈고질라 VS 콩〉 시청자 수는 360만 명이었다. 앞서 〈원더우먼 1984〉의 개봉 첫 주 시청자 수가 220만 명이었던 점을 고려하면 〈고질라 VS 콩〉의 위력을 알 수 있다.

HBO맥스와 극장의 시너지

영화가 스트리밍 서비스를 살린 것은 위 수치로 충분히 확인할 수 있다. 그렇다면 극장용 영화가 스트리밍 서비스에 공개됐을 때 극장이나 영화는 어떤 영향을 받게 될까? 아직은 예단하기 이르지만 적어도 〈고질라 VS 콩〉 〈원더우먼 1984〉만 놓고 보면, 둘 다 이득이다. 극장에 가지 않은 숨은 관객을 스트리밍 서비스가 찾은 느낌이다. 〈고질라 VS 콩〉 〈원더우먼 1984〉 같은 대작 영화는 HBO맥스 같은 스트리밍 서비스에서의 상영이 매우 중요하다. 극장 상황이 어떻게 될지 모르기 때문이다.

다큐멘터리 <위워크>,
공유 경제인가 공유된 허상인가?

공유 오피스 위워크(WeWork)의 공동 창업주 애덤 노이만(Adam Neumann)에게
는 꿈이 있었다. 그는 위워크를 단지 사무실을 임대하는 공간으로 키우고 싶지 않
았다. 23살에 미국으로 오기 전, 열세 곳을 전전하며 떠돌아야 했다. 어린 시절,
낯선 곳에서의 어려움은 사업으로 발전했다. 공동체의 소속감과 커뮤니티가 주는
연대감, 안정감을 가진 공간이 바로 노이만이 생각하던 위워크의 모습이다.

　노이만은 원격 근무와 이메일, 클라우드 등으로 인해 사라진 조직 내 연대 의
식을 다시 만들고 싶었다. 어쩌면 이웃과 직장 동료 사이에 생기는 우정 같은 느
낌이었다. 그러나 투자자들은 처음에 위워크와 '부동산 임대업'의 차이점을 정확

히 몰랐다. 천장을 모르고 올라가던 위워크의 기업 가치는 글로벌 확장을 위한 소프트뱅크의 투자에 상당 수준 기인했다.

위워크의 운명과 함께한 CEO에 관한 다큐멘터리

위워크의 탄생과 몰락을 다룬 다큐멘터리 〈위워크: 470억 달러 유니콘의 탄생과 몰락〉이 최근 스트리밍 서비스 훌루를 통해 공개되었다. 세계 최대 뉴미디어, 콘텐츠, 게임 전시회 SXSW에서 시사회를 가진 지 3주 만이다. 이 다큐멘터리에는 노이만의 상상이 현실에서 어떻게 좌절되는지, 부동산 임대업 벤처기업이 어떤 과정을 거쳐 유니콘으로 탈바꿈하는지 직원들의 생생한 증언을 통해 묘사된다.

물론 이 업계에 종사하는 사람들에게는 깊이가 다소 아쉽겠지만, 초보자들에겐 매우 좋은 자료다. 회사는 수익을 낼 수 있는 명확한 방법이 필요하다. 사람들은 이것을 비즈니스 모델이라고 부른다. 다큐멘터리는 첫 시작을 '위워크가 기업 공개(IPO)를 준비하는 시점에서부터 시작한다. 이를 위해 어떤 과정을 거쳐왔는지, 그리고 회사 가치를 부풀리기 위해 숨긴 것들은 무엇인지를 보여준다.

위워크는 2019년 기업 공개 작업을 시작했는데, 그들의 회계에 대한 불신과 불투명한 미래 수익성 때문에 상장이 철회된다. 노이만이 자신의 지분을 몰래 팔아 개인적 부를 축적하는 등 도덕적 해이가 밝혀지며 기업 가치도 급락했다. 이후 소프트뱅크가 경영권을 확보했는데, 황금 낙하산(Golden Parachute, 적대적 M&A에 대비해 만든 거액의 퇴직금) 조항 때문에 노이만에게 17억 달러를 지불해야 했다.

제드 레스테인 감독의 〈위워크〉 다큐멘터리는 노이만이 기업 공개를 준비하던 때부터 이야기를 시작한다. 그리고 시종일관 뛰어난 기업자이자 큰 오류가 있는 타락한 리더의 모습을 모두 보여주려 노력한다. 상당 부분을 기자들과 직원들의 기억으로 스토리를 풀어간다. 그래서 우리가 몰랐던 흥미로운 내용들도 있다.

손정의 소프트뱅크 회장이 위워크에 투자하게 된 과정과 배경도 꽤 흥미진진하다. 손 회장이 투자에 앞서 위워크를 둘러보고 아담 노이만의 PT를 듣기로 했던 날, 약속 시각을 한 시간이나 넘겼는데도 나타나지 않았다. 일주일 넘게 피칭을 준비한 노이만이 큰 실망을 넘어 좌절하고 있을 때 손정의 회장이 나타났다.

그러나 늦게 와서 미안하다는 말 대신 12분밖에 시간이 없다고 말한다. 좌절한 아담은 12분 동안 매우 축약된 회사 투어를 마칠 수밖에 없었다.

그러나 그에게 기회가 찾아온다. 손정의 회장이 차를 같이 타고 가면서 설명해 달라고 요청한 것이다. 마지막 기회라는 것을 간파한 아담은 손 회장 차에서 열과 성의를 다해 PT를 한다. PT의 마지막에 손정의 회장이 아담에게 물었다. "당신은 스마트한 사람과 미친 사람이 싸우면 누가 이길 것이라고 보는가?"라고 말이다. 아담의 답은 "미친놈"이었다. 하지만 손정의는 "당신은 아직 덜 미쳤다."라고 답했다. 그렇지만 손정의는 가능성을 보고 거액을 투자한다. 이 자금을 기반으로 위워 크는 해외 진출에 나선다.

실제 주인공들이 등장하는 다큐멘터리

이 다큐멘터리는 팩트와 분석을 다뤘지만, 드라마 형태를 띤 영화다. 실제 인물들 의 목소리로 재현과 회고를 담았기에 상당한 몰입도가 있다. 진짜처럼 느껴진다. 특히, 아담을 취재했던 기자들의 목소리는 그의 기이한 행동의 배경과 위워크의 흥망성쇠를 생생하게 보여주기에 충분하다.

감독인 제드 루스테인(Jed Rothstein)은 끊임없는 자기 과시와 마치 컬트와 같은 기업 분위기와 상황을 당사자들의 증언과 기록을 통해 전한다. 위워크에 서 일했던 오거스트 우비쉬(August Urbish)는 "내 모든 삶이 위 커뮤니티(We community)에 연관되어 있었다."라고 말한다.

다큐멘터리의 또 다른 주인공은 그와 함께 일했던 직원들이다. 다큐멘터리 에는 아담과 긴밀하게 일했던 많은 직원들이 등장한다. 그들이 묘사하는 아담 은 흥미롭다. 차별화된 비즈니스 모델을 만든 스타트업 창업주의 이미지도 있지 만, 종교 집단의 교주와 같은 이미지도 그려진다. 다큐멘터리에는 우리가 몰랐던 재미있는 에피소드가 많이 등장한다. 매주 월요일 아침 전 직원이 모여서 '신화 (Mythology)' 강의를 듣던 때를 회고하는 장면에서는 종교 집단의 느낌도 난다.

직원들의 정서를 관통하는 이미지는 '배신과 좌절'이다. 함께 새로운 공간과 회 사를 만들어 간다는 믿음이 아담과 그의 가족의 욕심으로 무너져 내리는 과정을 담당하게 설명하던 직원들은 결국 눈물과 분노를 보인다. 믿었던 신이 자신들의 기대를 저버린 모습이다. 애초에 직원들은 위워크의 이런 모습을 기대하지 않았다. 다큐멘터리에서 위워크의 '여름 캠프'를 보면 새로운 문화 건설에 대한 그들의 열정을 알 수 있다. 노이만을 보는 시선도 가수의 콘서트 현장에서 열광하는 팬들의 모습 그대로다.

이 다큐멘터리에는 한계가 있다. 노이만이 참석하지 않은 채 그에 대한 다큐멘터리를 만들다 보니 깊이가 다소 부족하다. 이 작품에서 노이만은 시종일관 동기부여만을 요구하는 종교 집단의 리더처럼 그려진다. 사업에 대한 구상부터 새로운 비즈니스 모델을 만들어 가는 과정에서 기업가적인 모습은 드러나지 않는다. 처음 17개 오피스를 3주 만에 완성해야 할 때의 모습이나 위워크를 커뮤니티로 육성하는 모습은 그가 아닌 주변인들의 증언으로 구성된다. 노이만이 어떤 미래를 생각하고 이 회사를 만들었는지에 대한 이해는 없다.

기업에 대한 제대로 된 분석 없이 새롭다는 이유로 언론이 부풀린 측면도 없지 않다. 다큐멘터리에 등장하는 기자들 상당수도 위워크의 성장 가능성에 의문을 품었다고 했다. 하지만 그 당시에는 그것을 정확히 묻는 기자는 없었다. 그래서 일부 기자는 제대로 된 질문을 하지 않은 것을 후회했다.

위워크의 미래

다큐멘터리는 노이만의 사임을 알리는 뉴스로 마무리된다. 6,000명의 직원을 정리해고하기로 했다는 자막도 함께다. 마지막에도 직원들을 분노를 표출한다. 노이만의 비서로 일했던 한 직원은 울면서 "아무도 나에게 회사에 대한 진실을 말해주지 않았다. 모든 젊음을 바쳤다."라고 말한다. 이내 다큐멘터리는 "노이만이 뉴욕 지역에 있는 그의 여러 집들 중 하나에 거주하고 있다."라고 끝난다. 다소 감상적인 작품이지만, 다큐멘터리에서 묘사한 것처럼 위워크의 미래에는 스토리가 필요하다.

위워크는 최근 기업인수목적회사와 합병하는 방식으로 올 하반기 뉴욕증시에 우회 상장한다고 밝혔다. 월스트리트저널에 따르면, 위워크는 나스닥 상장사인 바우X와의 합병을 통해 뉴욕증시에 상장한다. 이번 합병을 통해, 총 13억 달러의 자금을 조달하게 된다. 자금 조달 이후도 문제다. 위워크는 재택근무 확산으로 수익성이 악화되고 있는 공유 오피스 이외에 별다른 비즈니스 모델을 찾지 못하고 있다.

한편, 위워크 다큐멘터리는 지금은 미국에서 스트리밍 서비스 훌루를 통해서만 볼 수 있다. 아직은 한국 등 글로벌 개봉 일정이 공개되지 않았다.

한정훈

JTBC 미디어 전문 기자. 방송통신위원회 등 한국의 방송 규제 기관을 취재하며 미디어 산업과 콘텐츠 비즈니스의 변화를 오랫동안 추적해왔다. 2019년 7월부터 이듬해까지 1년간 네바다 리노(Reno)에 자리한 네바다주립대학교 레이놀즈 저널리즘 스쿨에서 방문 연구원으로 근무했다.

이곳에서 윤기웅 교수의 지도를 받아 샌프란시스코, 실리콘밸리, LA 등을 다니며 코로나바이러스 대유행 이후 미디어 시장 변화를 연구하고 글로 남겼다. 특히, 스트리밍 서비스, 할리우드 스튜디오, 뉴미디어 및 로컬 저널리즘, 소셜 미디어 서비스, 인플루언서 등을 집중적으로 취재하고 글을 써왔다. 지금도 미국을 왕래하며 글로벌 미디어 시장의 변화와 한국에 미칠 영향 등에 관해 분석하고 취재하고 있다. 저서로《스트리밍 전쟁》《넥스트 인플루언서》등이 있으며,《글로벌 미디어 NOW》시리즈를 계속 집필 중이다.

https://junghoon.substack.com/

다이렉트 미디어 리포트 **02**
글로벌 미디어 NOW
2021년 1분기, 뉴스 미디어·스트리밍 서비스 실적과 전망

초 판 1쇄 인쇄 2021년 5월 13일
　　　1쇄 발행 2021년 5월 15일

지은이 한정훈
펴낸이 박경수
펴낸곳 페가수스

등록번호 제2011-000050호
등록일자 2008년 1월 17일
주　　소 서울시 노원구 중계로 233
전　　화 070-8774-7933
팩　　스 0504-477-3133
이 메 일 editor@pegasusbooks.co.kr

ISBN 978-89-94651-46-0 03320